Lamya Kaddor / Michael Rubinstein
So fremd und doch so nah -
Juden und Muslime in Deutschland

Lamya Kaddor / Michael Rubinstein

So fremd und doch so nah -
Juden und Muslime in Deutschland

unter Mitarbeit von Thorsten Gerald Schneiders

Patmos Verlag

VERLAGSGRUPPE PATMOS

PATMOS
ESCHBACH
GRUNEWALD
THORBECKE
SCHWABEN

Die Verlagsgruppe
mit Sinn für das Leben

MIX
Papier aus verantwor-
tungsvollen Quellen
FSC® C014496

Für die Schwabenverlag AG ist Nachhaltigkeit ein wichtiger Maßstab ihres Handelns. Wir achten daher auf den Einsatz umweltschonender Ressourcen und Materialien. Dieses Buch wurde auf FSC®-zertifiziertem Papier gedruckt. FSC (Forest Stewardship Council®) ist eine nicht staatliche, gemeinnützige Organisation, die sich für eine ökologische und sozial verantwortliche Nutzung der Wälder unserer Erde einsetzt.

Bibliografische Information der Deutschen Nationalbibliothek Die Deutsche Nationalbibliothek verzeichnet diese Publikation in der Deutschen Nationalbibliografie; detaillierte bibliografische Daten sind im Internet über http://dnb.d-nb.de abrufbar.

Umschlaggestaltung: Finken & Bumiller, Stuttgart
Umschlagfoto: Uwe Ziss, Düsseldorf
Druck: GGP Media GmbH, Pößneck
ISBN 978-3-8436-0384-3 (Print)
ISBN 978-3-8436-0438-3 (eBook)

Inhalt

Einleitung   7

I. Konfrontationen zwischen Juden und Muslimen   11

II. Das Kardinalproblem – der Nahostkonflikt   35

III. Die Schoah – Schmerz und Last der Vergangenheit . . .   57

IV. Gewalt und Terror im Namen der Religion   75

V. Antisemitismus und Islamfeindlichkeit in Deutschland .   96

VI. Gott und Allah in einer modernen
christlich-abendländischen Gesellschaft 118

VII. Heimat – Wanderer zwischen den Welten 136

VIII. Deutschland – religiöses Leben als Minderheit 153

IX. Humor – Wer geht hier zum Lachen in den Keller? . . . 172

Einleitung

Juden und Muslime stehen im Verdacht, sich über kurz oder lang die Köpfe einzuschlagen, wenn man sie zusammenbringt und über Glauben, Gesellschaft und Politik diskutieren lässt. Zu vieles scheint zwischen beiden Religionen und Traditionen zu stehen, als dass eine friedliche Unterhaltung möglich wäre. Aber ist das wirklich so?

Wir machen die Probe aufs Exempel und reden miteinander – ohne Tabus. Sämtliche heißen Eisen dieser Tage wollen wir anpacken: Holocaust, Nahostkonflikt, Zionismus, muslimischer Antisemitismus, koranische Gewaltverse, aber auch Themen wie Heimat, Humor und Religiosität. Ein spannendes und bislang einmaliges Experiment in Deutschland.

Doch wir wollen nicht nur auf uns selbst schauen, sondern auch auf unsere Umgebung, die deutsche Gesellschaft. Dann und wann ist es für die gedeihliche Entwicklung einer jeden Gesellschaft hilfreich, sich einen Spiegel vorhalten zu lassen. Der Blick hinein gibt Aufschluss über das, was man ohne dieses Hilfsmittel nicht sieht: Man erkennt Makel ebenso wie besondere Vorzüge. Viele berühmte Personen der Geschichte haben ihren Gesellschaften diesen Spiegel vorgehalten, vom antiken Dramatiker Sophokles bis zu dem Liedermacher, Schriftsteller und Rechtsanwalt Franz Josef Degenhardt. Meistens aber waren sie Teil der gesellschaftlichen Mehrheit.

Nun machen sich Vertreter zweier unterschiedlicher Minderheiten auf, eben dies gemeinsam zu tun. Gerade in Deutschland ist dieser Ansatz vielversprechend. Nach wie vor hängen zahlreiche Menschen dem Gedanken an die weitgehend homogene gesellschaftliche Zusammensetzung der Wirtschaftswunderzeit nach dem Zweiten Weltkrieg nach. Jüngster Ausdruck dieser irrationalen Sehnsucht nach einer möglichst einheitlichen Bevölkerungsstruktur ist das umstrittene Buch von Thilo Sarrazin »Deutschland schafft sich ab«. Wer aber in unsere Städte hinausgeht, in unsere Kommunen, der sieht, dass sich die gesellschaftlichen

Realitäten geändert haben und nicht mehr zurückdrehen lassen. Bis zu 30 Prozent eines Einschulungsjahrgangs haben inzwischen einen Migrationshintergrund. Alt-Bundespräsident Christian Wulff fasste den gesellschaftlichen Status quo in seiner Antrittsrede unter dem plakativen Begriff der »Bunten Republik« Deutschland zusammen. Wer wissen will, in welchem Takt die Welt schlägt, in der er heute lebt, bekommt am ehesten ein Gefühl dafür, wenn er sich mit den Menschen befasst, die qua Geburt permanent mit solchen Fragen konfrontiert sind: Zuwanderer und ihre Nachkommen. Sie sind ein Seismograph gesellschaftlicher Zustände. Sie haben mindestens zwei Herzen in der Brust und müssen sich immer wieder ihrer Zugehörigkeiten vergewissern. Sie müssen sowohl die Mehrheit, in der sie leben, als auch die Minderheit, aus der sie stammen, beständig analysieren, um für sich Schlüsse für ihr Leben zu ziehen.

Wer wäre folglich besser geeignet, den Deutschen etwas über die Deutschen im 21. Jahrhundert zu erzählen, als Vertreter der wohl auffälligsten Minderheiten im Land: die Juden mit ihrer 1700-jährigen Geschichte und die mehr als 4 Millionen Muslime, die seit einigen Jahren die mit Abstand zweitgrößte Religionsgruppe in Deutschland ausmachen. Eine Gesellschaft müsse sich immer am Umgang mit ihren Minderheiten messen lassen, heißt es.

Umgekehrt hat die Mehrheitsgesellschaft das Recht, Eindrücke und Einsichten in das Denken und Fühlen von Minderheiten zu bekommen. Wenn in Berlin ein Jude im Beisein seiner kleinen Tochter vermutlich von arabischstämmigen Jugendlichen angegriffen wird, nur weil er eine Kippa trägt, oder wenn jüdische Funktionäre in Deutschland einseitig Partei für Israel ergreifen und sich Muslime darüber echauffieren, ruft das nach Erklärungen. Minderheiten haben auch die Pflicht, der Gesellschaft, in der sie leben, etwas über sich zu berichten. Dem kommen wir mit diesem Buch ebenfalls nach.

Wir – wer sind wir? Wir, das sind eine muslimische Frau und ein jüdischer Mann, er ist im Rheinland geboren, sie in Westfalen: Lamya Kaddor, Publizistin, Pionierin der islamischen Religionspädagogik und Vorsitzende des Liberal-Islamischen Bunds, sowie Michael Rubinstein, Geschäftsführer der Jüdischen Gemeinde Duisburg-Mülheim/Ruhr-Oberhausen, Kommunalpolitiker und seit Jahren landesweit im interkulturellen und interreligiösen Dialog tätig – seit 2006 Dialogbeauftragter des Landesverbandes der Jüdischen Gemeinden von Nordrhein.

Neben unserem »Antagonismus« Westfalen/Rheinland bringen wir einen weiteren, mit noch mehr Spannungen geladenen persönlichen Hintergrund mit: Lamya Kaddors Familie stammt aus Syrien, das sich mit Israel seit Jahrzehnten offiziell im Kriegszustand befindet; ihre Familienangehörigen kämpften 1948 und 1967 in den Reihen der arabischen Armeen gegen Israel. Michael Rubinstein stammt mütterlicherseits aus einer alteingesessenen deutsch-jüdischen Familie. Diese Großeltern konnten vor dem Holocaust ins spätere Israel fliehen, sein Großvater väterlicherseits überlebte die dunkelsten Jahre in Europa nicht. Die Familienangehörigen, die dem Holocaust entrinnen konnten, oder ihre Nachkommen leben heute in Deutschland, Israel und anderen Teilen der Welt.

Trotz der konträren Familiengeschichten verbindet uns einiges: Kennengelernt haben wir uns vor etwa fünf Jahren auf einer Tagung zum interreligiösen Dialog am Comer See in Italien. Heute leben wir beide in Duisburg. Wir sind Kinder der deutschen Gesellschaft, stehen für die jüngeren Generationen dieses Landes und sind als kritische Kommentatoren der deutschen Gegenwart bekannt. Wir folgen beide jeweils einem liberalen Religionsverständnis und engagieren uns im theologischen Bereich. Deswegen sind wir aber noch lange nicht bei allen Themen immer einer Meinung.

In unserem Buch haben wir uns vorgenommen, entweder allein oder gemeinsam zu jedem Kapitel zunächst einen Einführungstext zu schreiben. Die darin enthaltenen thematischen Impulse greifen wir anschließend in einem moderierten Gespräch auf. Das gibt jeweils dem anderen die Möglichkeit, kritische Nachfragen zu stellen, einzelne Punkte zu vertiefen und weitere Aspekte, die uns wichtig erscheinen, anzusprechen. Unsere Diskussionen verlaufen wie auch im Alltag an einigen Stellen ernst, an anderen Stellen humorvoll. Freunde sagen uns nach, wir brächten die Leichtigkeit des Seins mit. Schlagfertigkeit, Esprit und Witz gehörten definitiv zu unseren Charakteristiken. Es bleibt den Leserinnen und Lesern überlassen, dies zu überprüfen.

Mit unseren Gesprächen wollen wir zeigen, dass man trotz vermeintlich unüberbrückbarer Hindernisse durch Offenheit und Bereitwilligkeit zum gegenseitigen Austausch miteinander klarkommen kann. Unterschiedliche Meinungen hindern nicht zwangsläufig daran, an einem Strang zu ziehen. Wir zeigen, was Respekt und kritische Wertschätzung füreinander bedeuten. Es bedarf keiner rosaroten Brille, um miteinander auszukommen. Es braucht im Grund nur ein wenig gegenseitiges Einfühlungsvermögen und die Bereitschaft zu einer lebendigen Debattenkultur ohne Tabus, aber auch ohne gegenseitige Beleidigungen.

Ferner ist es unser Ziel, mit diesem Buch fachlich fundierte und lehrreiche Hintergrundinformationen und Analysen zu bieten. Unsere Ausführungen sollen Argumentationshilfen für einige der derzeit maßgeblichen Debatten in Deutschland bieten. Die Leserinnen und Leser bekommen die Möglichkeit, sich selbst zu fragen: Wo stehe ich in dieser Gesellschaft? Was kann ich oder was muss ich für das Zusammenleben tun? Welche Herausforderungen gibt es? Das Buch spricht somit nicht nur solche Menschen an, die sich für Fragen der Integration oder für die lange jüdische und die kürzere islamische Geschichte in diesem Land interessieren, sondern alle Teile dieser Gesellschaft.

Bislang kamen zu den besagten Themen vor allem ältere Generationen zu Wort. Man hörte Holocaust-Überlebenden zu, man hörte muslimischen Einwanderern zu. Deren Nachkommen, in Deutschland geboren und sozialisiert, sind in den Medien nach wie vor eher selten vertreten. Auch hier will dieses Buchprojekt Neues wagen: Es soll die Unterschiede zwischen jüngeren jüdischen und islamischen Generationen und den älteren verdeutlichen, es soll zeigen, was sie trennt, was sie verbindet; wie ihre Lebenswirklichkeit aussieht; welche Rolle die weltweiten Konflikte für sie spielen; wie sie mit der deutschen Geschichte umgehen; wo die Herausforderungen für die künftige Gestaltung unserer Gesamtgesellschaft liegen; welche Fragen die Politik vorrangig betrachten sollte; was die christlichen Kirchen im Umgang mit anderen religiösen Glaubensgemeinschaften besser machen können.

Lamya Kaddor und Michael Rubinstein

I. Konfrontationen zwischen Juden und Muslimen

Es ist eine beklemmende Stimmung, die von diesem Bild ausgeht: Durch eine schmale Gasse tragen männliche Angehörige zwei getötete Kinder in ihren Leichentüchern zu Grabe. Die stummen Klageschreie der Prozession dringen dem Betrachter des Bildes lautstark ins Ohr. Die Szenerie wird durch das Blitzlicht des Fotografen unnatürlich aufgehellt. Die Aufnahme des schwedischen Fotografen Paul Hansen entstand im November 2012 in Gaza-City und wurde zum Pressefoto des Jahres gewählt. Sie zeigt palästinensische Opfer des Nahostkonflikts. Man hätte das Bild stehen lassen können, einfach wirken lassen können. Es sagt ja vor allem eines aus: Hass und Krieg führen zu unschuldigen Opfern – ob im Heiligen Land, in Tibet oder Mexiko. Doch selbst im Angesicht des Leids der Hinterbliebenen macht der ewige Kampf um Deutungshoheiten und Ideologien, machen die quälenden Fragen nach Schuld und Unschuld, Opfer und Täter nicht Halt. So las ich in der »Jüdischen Allgemeinen« nach Bekanntgabe der Entscheidung durch die niederländische Stiftung World Press Photo einen kritischen Beitrag, der dieses anrührende Bild zu relativieren suchte. Der Tenor des Beitrags lautete: Die Auswahl des Fotos sei tendenziös, folge bereits früheren ähnlichen Mustern beim Pressefoto des Jahres und intendiere letztlich nur, Israel in ein schlechtes Licht zu rücken. Das hat mich geärgert. Solange wir nicht lernen, den Schmerz des anderen wenigsten für den Augenblick anzuerkennen, den die Betrachtung eines Bildes einnimmt, ohne dem Zwang zur Relativierung anheim zu fallen, gießen wir immer neues Öl ins Feuer.

Der Nahostkonflikt ist der Hauptfaktor für die Entzweiung von Juden und Muslimen auch in Deutschland, und bewusst oder unbewusst wird daran gearbeitet, diesen Keil weiter zwischen beide Gruppen hineinzu-treiben. Es sind solche Zeitungsartikel, die dafür sorgen, und es sind die

Stellungnahmen von Funktionären. Hier fällt der Blick natürlich automatisch auf die wichtigste jüdische Organisation in Deutschland: den Zentralrat der Juden. Meines Erachtens ist er die höchste politische Vertretung der hier lebenden Juden und ihrer Gemeinden. Warum muss er also Stellungnahmen zur Politik Israels abgeben und dabei oft als eine Art verlängertes Sprachrohr der dortigen Regierungen auftreten? Der Zentralratspräsident Dr. Dieter Graumann schrieb erst jüngst zum 65. Unabhängigkeitstag Israels explizit in der Zeitung »Die Welt«: »Wir Juden sind hier eben nicht neutral, sondern ergreifen natürlich Partei – immer werden wir uns mit den Menschen in Israel solidarisch fühlen!«

Vor allem wegen solcher Einschätzungen fällt die Meinung vieler Muslime, die größtenteils ihre Wurzeln in dieser Region haben, über Juden in Deutschland zumindest ambivalent aus. Auf der einen Seite wird zur Kenntnis genommen, dass Juden auch eine Art Schutzfunktion für Muslime hier erfüllen. Wenn es Ausfälle gegenüber Muslimen oder anderen Minderheiten gibt, hat das Wort des Zentralrats der Juden Gewicht. Die Gesellschaft hört besser hin, wenn dessen Vertreter sich zu Wort melden, als wenn sich muslimische Funktionäre äußern. Man denke beispielsweise an die Debatte um Thilo Sarrazin 2010. Frühzeitig hatte der Zentralrat die islamfeindlichen Äußerungen des SPD-Politikers zurückgewiesen. Manche behaupten sogar, so richtig durchgefallen sei Sarrazin erst, als dieser in der Zeitung »Die Welt« von jüdischen Genen gesprochen habe. Und zum Stichwort Beschneidungsdebatte: Was wäre gewesen, wenn der beschnittene Junge in dem Kölner Urteil 2012 jüdisch gewesen wäre? Hätte es dann überhaupt ein Urteil gegeben, das religiöse Beschneidung bei Jungen kriminalisiert?

Es heißt, Juden hätten im Vergleich zu Muslimen eine wesentlich längere Tradition in Deutschland und lebten schon vor 1700 Jahren hier, als es den Islam noch nicht mal gab. Das ist unbestreitbar. Kann man daraus wirklich Privilegien für eine pluralistische Gesellschaft der Gegenwart ableiten? Und wenn ja, warum sollten Muslime dann keine Privilegien daraus ableiten dürfen, dass sie heute die größte Gruppe nach Katholiken und Protestanten – abgesehen davon, dass aus beiden Perspektiven das Christentum immer bevorzugt wäre – übrigens auch gegenüber Säkularismus und Atheismus? Das Einzige, was in einer modernen Gesellschaft staatsrechtlich zählen sollte, ist der einzelne Mensch, unabhängig von seinen individuellen Merkmalen. Wir erinnern uns, woher wir kommen, aber wir machen dies nicht zwangsläufig zur Grundlage unseres Zusammenlebens.

Lamya Kaddor

Auf der anderen Seite ist es durchaus nachvollziehbar, dass die jüdische Seite den Dialog mit den Muslimen nur mit eingeschränktem Engagement vorantreiben möchte. Dies ist teilweise der jüdischen Gesellschaftsstruktur geschuldet. Bedingt durch die starke Zuwanderung aus den ehemaligen GUS-Staaten ist eine Ausrichtung der Gemeinden nach innen erforderlich. Teilweise ist es aber auch den Strukturen der muslimischen Verbände geschuldet. Sie sind für Außenstehende nicht immer klar erkenntlich; so kann man unter anderem kaum angeben, welche und wie viele Mitglieder überhaupt von den verschiedenen Verbänden vertreten werden. Hinzu kommt die starke Ausrichtung zumeist auf die Türkei beziehungsweise der maßgebliche Einfluss des türkischen Staates. Das macht die Sache ebenfalls nicht leichter – vor allem seit die Freundschaft zwischen der Türkei und Israel in den vergangenen Jahren dramatisch abgekühlt ist.

Die jüdischen Gemeinden haben sich seit Gründung der Bundesrepublik am System des Pluralismus orientiert und ihre Verbandsstrukturen auf entsprechende Grundlagen gestellt. Ihre gewählten Vertreter waren und sind über die Jahrzehnte verlässliche Ansprechpartner für die Öffentlichkeit geworden. Von dieser gewachsenen Verlässlichkeit und dem gegenseitigen Vertrauen profitieren sie noch heute. Aus diesem Grund sind sie überwiegend Körperschaften des öffentlichen Rechts, können dadurch staatlich anerkannte Kindergärten und Schulen gründen. Jüdische Religionslehre ist staatlich anerkanntes Abiturfach in vielen Bundesländern. Dieses blinde Vertrauen besteht zur muslimischen Seite zumeist nicht – weder zwischen Juden und Muslimen, noch zwischen Behörden und Muslimen.

Es erschließt sich der jüdischen Seite in Deutschland zu Recht nicht, warum die Konflikte zwischen Israel und der Türkei oder zwischen Israel und arabischen Staaten auch hier ausgetragen werden und die

Beziehungen belasten. Es ist dem Dialog alles andere als zuträglich, wenn Juden auch von muslimischer Seite immer wieder als Vertreter Israels dargestellt werden, obwohl sie deutsche Staatsbürger sind. Das gilt besonders dann, wenn solche Äußerungen von hier geborenen türkischstämmigen Muslimen kommen, die sich viel stärker mit der Türkei verbunden fühlen als mit ihrem Geburtsland. Das ist ein unauflösbarer Widerspruch in sich. Die Vermischung zwischen Religion und Nationalität verstellt den Blick auf die gemeinsamen Interessen. Die jüdische Seite möchte nicht als fremd in diesem Land dargestellt werden – insbesondere nicht von Menschen, die sich schwer tun, Deutschland als ihre Heimat anzusehen.

Es ist nicht weniger fragwürdig, dass einige der muslimischen Verbände zwar Position zur israelischen Politik beziehen, sich aber bei Vorfällen innerhalb Deutschlands nur zaghaft öffentlich auf die jüdische Seite stellen. Beide Seiten müssen Verantwortung und Solidarität für die anderen Minderheiten in Deutschland übernehmen. Stattdessen gibt es in einzelnen islamischen Verbänden offene antisemitische Einstellungen, die von anderen Verbänden bisweilen toleriert werden. Die innermuslimische Solidarität in allen Ehren – aber manchmal entpuppt sich der Freund als wahrer Feind der eigenen Interessen.

Es ist gut, wenn nicht alle Interna und Diskussionen nach außen dringen – aber ein Mehr an Transparenz, Abgrenzung und Engagement für das Zusammenleben in Deutschland als Bürger dieses Landes wäre ein großer Schritt nach vorn. Diesen Schritt ist die jüdische Gemeinschaft der muslimischen definitiv voraus – sicherlich auch, weil sie länger in diesem Land verwurzelt ist. Dies sollte aber keinen Neid hervorrufen, sondern die eigenen Bemühungen verstärken – auch im verlässlichen, kontinuierlichen Dialog miteinander, auf Augenhöhe und auf Deutschland fokussiert.

Michael Rubinstein

LAMYA KADDOR: Ja, wir haben auch Einpeitscher und Scharfmacher, die gegen Juden hetzen. Aber wichtig bei einer Diskussion, wie wir sie hier führen, ist doch, dass ich in meinem Eingangsstatement Kritik an der jüdischen Seite geübt habe. Also muss ich meine Argumente daraufhin zuspitzen, oder? Ich habe kein Handbuch oder keinen enzyklopädischen Artikel geschrieben, der ein Thema von oben bis unten, von rechts nach links aus allen Perspektiven beleuchtet. Also habe ich Kritik an einem Teil der Vertreter der jüdischen Seite geübt. Man muss Kritik auch mal stehen lassen können, wenn sie klar macht, dass man keine Propaganda betreiben will – und ich glaube, das wird deutlich. Oder vermutest du bei mir ideologische Absichten?

Michael Rubinstein: Nein, natürlich nicht, aber ich finde, du gehst mit dem Zentralrat etwas zu scharf ins Gericht. Und das nicht nur, weil unsere Gemeinde auch dort angeschlossen ist. Ich meine, warum sollte er sich denn nicht zur israelischen Politik äußern dürfen? Etwa weil es nicht seine originäre Aufgabe ist? Darüber kann man diskutieren. Der Zentralrat ist das oberste politische Organ der jüdischen Gemeinschaft in Deutschland. Er repräsentiert uns gegenüber der Politik und der Gesellschaft. Er ist ein in erster Linie politisches Organ, und er ist unsere Dachorganisation. Er vertritt die Interessen von allen ihm angeschlossenen Verbänden und Gemeinden und damit das überwiegende Spektrum des jüdischen Lebens in Deutschland. Aber es ist nun einmal so, dass die jüdische Solidargemeinschaft auch zu internationalen Fragen Position bezieht. Ich finde allerdings, sie macht das sehr gemäßigt. Dass die Äußerungen in der Tendenz überwiegend pro Israel ausfallen, ist aus der Rolle heraus verständlich. Es ist nun mal so, dass der Staat Israel für uns jüdische Menschen weltweit eine zentrale Bedeutung hat.

Lamya Kaddor: Auch wenn man hier in jüdischen Einrichtungen zu Gast ist, sieht man häufig Bezüge zu Israel, gerade jetzt zum 65. Unabhängigkeitstag. Das ist doch ein rein israelischer Feiertag. Warum wird er von Juden in Deutschland begangen?

Michael Rubinstein: Israel ist nicht nur die spirituelle Quelle des Judentums, sondern auch der einzige Zufluchtsort für Juden, sollte sich das Blatt der Geschichte wieder einmal gegen sie wenden. Man kann Israel als eine Art »Back-up« bezeichnen. Wo sollen Juden hin, wenn sie erneut verfolgt würden? Es gibt nur Israel, wo ihnen das garantiert nicht mehr passieren wird. Von daher ist es klar, dass die jüdische Vertretung auch hier Stellung bezieht und dass so viele jüdische Menschen sensibel reagieren, wenn es gegen den Staats Israel geht.

LAMYA KADDOR: Nach orthodoxem Verständnis ist die Staatsgründung Israels eigentlich ein Frevel, ein Vorgriff auf die göttliche Erlösung, weil das Reich den Schriften zufolge erst mit dem Erscheinen des Messias wiederhergestellt wird. Wie stehst du dazu?

MICHAEL RUBINSTEIN: Der Staat Israel, wie er heute ist, ist ein weltlicher Staat, mit etwas stärkeren religiösen Einschlägen als wir sie haben. Ich rede hier nicht von religiösen Motiven, sondern davon, dass wir als Menschen jüdischen Glaubens jederzeit sagen könnten: »Müssen wir heute hier weg, könnten wir morgen in Israel sein.« Darum geht es, nicht um die religiöse Bedeutung. Es ist vielmehr ein Frevel, dass sich ein Teil der ultraorthodoxen Juden mit dem Staat Israel, so wie er heute ist, so schwer tut, denn sie leben dort und genießen Vorteile, die dieser Staat ihnen bietet. Sie genießen dort Sicherheit und einen gewissen Lebensstandard. In Deutschland mag dieser »Back-up«-Gedanke im Augenblick nicht so aktuell sein, aber viele französische Juden haben in den vergangenen Jahren aufgrund des zunehmenden Antisemitismus das Land verlassen. In Marokko geschah Ähnliches. Diesen Bezug zu einem anderen Land kann man vielleicht nicht so gut nachvollziehen, wenn man in einem sicheren Staat wie Deutschland lebt oder geboren wird und selbst keiner Diskriminierung oder Verfolgung ausgesetzt ist.

LAMYA KADDOR: Doch, ich kann das nachvollziehen. Natürlich kann ich das nachvollziehen, gerade weil Muslime ebenfalls zunehmend angefeindet werden. Das habe ich nur, ehrlich gesagt, im Hinblick auf unser Thema bis jetzt noch nicht so deutlich gesehen. Ich habe nichts gegen den Zentralrat der Juden, dass wir uns da nicht missverstehen. Ich sehe nur einige Punkte, die ich kritikwürdig finde. Der Zentralrat äußert sich nicht nur zu Israel, sondern insgesamt zu vielen politischen Themen …

MICHAEL RUBINSTEIN: … und man kann sicher trefflich darüber streiten, ob er sich zu allem äußern muss. Vielleicht wäre es in der Tat klüger, hier und da anderen den Vortritt zu lassen. Aber unser Präsident Dieter Graumann betont ja auch, dass der Zentralrat selten von selbst hingeht und sagt:»Wir äußern uns jetzt.« Der Zentralrat wird in jeder Angelegenheit gefragt, gerade bei heiklen Themen. Sagen wir dann nichts, heißt es:»Warum sagt ihr nichts?« Sagen wir etwas, heißt es:»Warum sagt ihr was?« Also wir können es eigentlich niemandem recht machen. Da muss sich die Gesellschaft schon mal selbst fragen, warum in erster Linie die jüdische Gemeinschaft befragt wird. Wir reden von 250000 Juden in Deutschland, aber zu den unter dem Dach des Zentralrats zusammengeschlossenen 23 Landesverbänden und 108 jüdischen Gemeinden gehören gerade mal 105000 Mitglieder. Der Zentralrat hat vor dem Hintergrund der Geschichte für die deutsche Politik und die deutschen Medien immer noch eine besondere Bedeutung. Das wiegt übrigens die relativ kleine Anzahl der Juden in Deutschland in ihrer Bedeutung ein wenig auf. Sie stehen in gewisser Weise Pate für die große Vergangenheit der Juden hier. Wenn nicht wir, wer sonst sollte an das Gewissen der Bevölkerung appellieren, wenn sich Feindseligkeit gegen Juden oder auch andere Minderheiten mal wieder Bahn bricht? Niemand kann ernsthaft erwarten, dass wir ein weiteres Mal schweigend zuschauen oder zuhören. Allerdings verstecken sich auch viele Personen und Organisationen hinter dem Zentralrat der Juden. Sie wollen dann eine Art Persilschein von ihm, um nicht angreifbar zu sein im Hinblick auf Vorwürfe des Antisemitismus, der Verharmlosung der Geschichte oder Ähnliches. Und natürlich, wenn Zentralratsmitglieder ein knackiges Statement von sich geben, wird das medial immer gern genommen. So funktionieren die Medien.

LAMYA KADDOR: Das ist beim Zentralrat der Muslime ähnlich. Der wird auch zu allem befragt, dabei ist er der kleinste der vier großen islamischen Verbände. An seiner Spitze stehen seit längerem rhetorisch begabte Personen, während man beispielsweise an der Spitze der anderen großen Islamverbände des Öfteren Funktionäre findet, die nur gebrochen Deutsch sprechen. Das ändert sich aber langsam, weil zunehmend Personen aufrücken, die in Deutschland aufgewachsen sind.

MICHAEL RUBINSTEIN: »Zentralrat« der Juden - »Zentralrat« der Muslime, die Ähnlichkeit ist kein Zufall.

LAMYA KADDOR: Es ist reines Kalkül in der Hoffnung, dieselbe Bedeutung zu erlangen wie der Zentralrat der Juden.

MICHAEL RUBINSTEIN: Ist das nicht irgendwo unredlich?

LAMYA KADDOR: Bestimmt. Aber es ist vor allem ein PR-Gag, und in Politik und Medien geht das offenbar vollständig auf.

MICHAEL RUBINSTEIN: Es ist nach wie vor bei islamischen Vereinen schwierig zu durchschauen, wer dahinter steckt, wer sie finanziert oder welche Ziele sie verfolgen.

LAMYA KADDOR: Wie du in deinem Statement selbst andeutest, stehen mitunter Leute dahinter, die in Deutschland ein Problem darstellen: Einige sind vielleicht reiche Funktionäre, die Schwierigkeiten mit dem Verfassungsschutz oder anderen Sicherheitsbehörden haben. Andere lassen sich vom Ausland finanzieren und versuchen deren Agenda umzusetzen. Wenn Saudi-Arabien irgendwo Geld investiert, wird der Islam in der Regel fundamentalistisch. Das kommt in der deutschen Öffentlichkeit nicht gut an, und deshalb versucht man es zu kaschieren. In Deutschland spenden nicht alle Muslime, um die Verbände zu finanzieren. Hiesige Muslime sind teilweise nicht sonderlich finanzstark, auch Großspenden sind eher selten. Allerdings muss man betonen, dass nicht alle Vereine über einen Kamm geschoren oder dämonisiert werden dürfen.

MICHAEL RUBINSTEIN: Für uns ist das trotzdem ein Problem. Immer muss hinterfragt werden, mit wem man sich an einen Tisch setzt. Ich spreche gern mit allen, aber es gibt Organisationen wie Milli Görüs; mit denen würden wir uns als Jüdische Gemeinde nicht offiziell zusammensetzen – zumindest solange sie im Verfassungsschutzbericht stehen und immer wieder wegen antisemitischer Propaganda auffallen, weil Mitglieder beispielsweise das Verschwörungspamphlet »Die Protokolle der Weisen von Zion« bei Veranstaltungen verteilen. Es ist schade, dass man immer nach den Hintergründen einer Organisation fragen muss. Es nimmt einem die Unbefangenheit. Man muss sich halt meistens an die großen, bekannten Verbände halten.

LAMYA KADDOR: Und das kann ich als Vorsitzende des Liberal-Islamischen Bundes natürlich nicht unterstützen!

MICHAEL RUBINSTEIN: Warum vergleichen sich Muslime eigentlich so oft mit Juden?

LAMYA KADDOR: Weil sie glauben, dass sie in einer ähnlichen Minderheitenposition leben. Nach dem Motto: So wie die Juden damals als Minderheit diskriminiert worden sind, werden wir heute diskriminiert – zwar nicht in der Härte, Gott sei Dank, und auch nicht in der vollen Auswirkung, aber zumindest mit vergleichbaren Feindseligkeiten. Der frühe Antisemitismus der politischen Moderne, denk an den Historiker Heinrich von Treitschke, wird ja gern mit der heutigen Islamfeindlichkeit verglichen.

Ganz unproblematisch ist so ein Vergleich sicher nicht. Man muss auf jeden Fall die historische Verankerung, die Ausmaße und Konsequenzen trennen. Da hat der Antisemitismus ein Alleinstellungsmerkmal. Wenn man sich aber auf einzelne Methoden konzentriert, glaube ich, kann man schon sagen, dass es erschreckende Parallelen gibt: Früher wälzte man die Heiligen Texte der Juden und riss einzelne Passagen aus dem Kontext, um daraus Vorwürfe zu stricken, heute durchsucht man dazu Koran und Sunna. Dass Muslime immer auf Juden schauen, ist aber auch nicht gänzlich überraschend. Ihre Religionen sind ähnlich, sie sind die auffälligsten religiösen Minderheiten in Deutschland, und wenn man bedrängt wird, wird man vielleicht automatisch verführt, gleich an das extremste Ereignis in diesem Zusammenhang zu denken – und das ist nun mal der jahrhundertelange Feldzug gegen die

Juden. Auch wenn der Vergleich hinkt, sollte man die Sorgen dahinter nicht einfach auf die leichte Schulter nehmen.

MICHAEL RUBINSTEIN: Das sehen wir im Grunde genauso, und deshalb äußern sich jüdische Vertreter auch in diese Richtung, wenn es nicht explizit gegen Juden geht. Letztlich haben wir viele Dinge gemeinsam, wo wir als jüdische Seite mit unseren Erfahrungen weiterhelfen könnten. Aber dazu müsste die andere Seite auch einen Schritt auf uns zu gehen, einen Vertrauensvorschuss geben und die alte Feindschaft in den Köpfen ausschalten. Du hast die Beschneidungsdebatte in deinem Textabschnitt angesprochen. Ich denke auch: Wenn Christen beschneiden würden, wäre das Ganze nie ein Thema geworden, wenn nur Muslime beschneiden würden, wäre Beschneidung längst verboten, weil es aber auch die Juden in Deutschland betrifft, haben wir in nur wenigen Monaten den gesetzlichen Segen bekommen. Das ist zugegeben eine vereinfachte Darstellung, aber klar ist, ohne uns wäre die Sache anders verlaufen. Von daher hatte die muslimische Seite hier durchaus auch Glück.

LAMYA KADDOR: Es wird immer gesagt: »Seht ihr, nur weil es die Juden gibt, trauen die sich nicht, die Beschneidung zu verbieten.« Ich sage dann immer: »Ja, dann seid doch froh, dass es die Juden gibt.« Warum suchen Muslime nicht den Schulterschluss mit den Juden?, könnte man fragen. Weil Judentum und Islam zwei unterschiedliche Konglomerate sind: 15 Millionen Juden stehen 1,5 Milliarden Muslimen weltweit gegenüber. Allein diese Diskrepanz in der Größe sorgt schon für ein unterschiedliches Selbstverständnis, ohne die Frage zu berücksichtigen, wer heute »erfolgreicher« ist. Zudem muss man sich intellektuell und vermutlich auch kulturell auf Augenhöhe begegnen, wenn man sich verbünden will. Diese Grundvoraussetzungen sind in Deutschland oft nicht gegeben. Außerdem herrscht noch zu viel gegenseitiges Misstrauen unter den einzelnen Mitgliedern von islamischen und jüdischen Organisationen, weswegen die Verantwortlichen solche Kooperationen noch nicht wagen. Das gilt übrigens ausdrücklich nicht nur für ungebildete Schichten. Als ich im Rahmen meiner Lehraufträge jüngst mit Universitäts-Studenten eine Synagoge besuchte, betraten zwei der muslimischen Teilnehmer zwar das Gemeindehaus, aber sie weigerten sich, in den Betsaal zu gehen. Sie blieben während der Ausführungen des Rabbi sage und schreibe zwei Stunden vor der Tür stehen. Als ich sie später fragte, warum sie nicht mitgekommen seien, erklärten sie mir, sie wollten die Kippa nicht tragen und sie fühlten sich in dem Betraum unwohl. Außerdem zeigten sie sich überzeugt, dass der Prophet Muhammad heute genauso wie sie gehandelt hätte. Dieses Misstrauen ist schon erstaunlich, auch wenn ich mir sicher bin, dass es das ausdrücklich auf beiden Seiten gibt – nicht nur unter Muslimen.

MICHAEL RUBINSTEIN: Definitiv gibt es auch unter Juden Vorbehalte gegenüber Muslimen. Wir sind zwar von der Religion her sehr nah beieinander, aber im Alltag sind wir uns fremd. Man hat die Schere im Kopf, weiß einfach zu wenig voneinander, kennt sich nicht, redet nicht miteinander. Mit unseren Beiträgen versuchen wir ja, das gerade zu ändern.

Erklär mir bitte mal die Popularität von Verschwörungstheorien, wonach eigentlich immer Juden die Hand im Spiel haben und an allem schuldig sind. Selbst der 11. September soll ja nach Meinung einiger mit Billigung der Juden geschehen sein. Warum sind diese Gedankengänge unter Muslimen so verbreitet?

LAMYA KADDOR: Ich glaube, das ist zum Teil der Neid auf diese Bevölkerungsgruppe. Sicherlich ist man nicht neidisch darauf, dass 6 Millionen Juden in Europa umgebracht wurden, aber man ist schon neidisch darauf, dass der Zusammenhalt unter den Juden so stark ist und dass eine weltweite Vernetzung gibt. Zudem finden sich unter Anhängern des Judentums viele gebildete Köpfe, die in bestimmten Forschungs- und Industriebereichen ebenso wie in Politik und Wirtschaft durchaus führend sind. Das wird von vielen Muslimen so verabsolutiert, dass man direkt Verschwörungstheorien wittert, zumal Juden außerhalb Israels vor allem in den USA leben und sowohl Israel als auch die USA bekanntlich für viele islamistische Einpeitscher der große Satan sind. Beide Staaten werden in erster Linie dafür verantwortlich gemacht, dass es mit den eigenen Ländern nicht vorangeht. Das ist in der Tat alles schon ziemlich paradox: Einerseits sind Muslime neidisch auf die Juden, andererseits sind sie skeptisch oder hegen Groll. Dennoch würde ich, was die Verschwörungstheorien gegen Juden betrifft, die These in den Raum stellen, dass sie außerhalb der muslimischen Welt ebenfalls Konjunktur haben.

Es gibt eine breite antisemitische Propaganda unter Muslimen – und dagegen wird innerhalb der Community weder energisch vorgegangen, noch distanziert man sich deutlich davon. Ich würde sagen, Pauschalurteile über Juden, also klassische Stammtischparolen sind gerade auch unter jungen Menschen verbreitet. Muslimischer Antisemitismus ist also ein wichtiges Thema, aber es wird gerade in Deutschland auch stark instrumentalisiert. Darauf kommen wir sicher noch ausführlicher zu sprechen.

MICHAEL RUBINSTEIN: Gut, was ich mich auch des Öfteren frage: Warum haben Muslime keine Lust, sich ernsthaft mit dem Thema Holocaust zu beschäftigen?

LAMYA KADDOR: Ist das deine Beobachtung? Ich finde, das kann man so nicht sagen. Wieso haben Muslime denn keine Lust dazu? Ich habe eher den Eindruck, dass viele allenfalls die Ausmaße unterschätzen.

MICHAEL RUBINSTEIN: Gibt es denn so viele Angebote seitens deutscher islamischer Organisationen, die Info-Veranstaltungen oder Fahrten etwa nach Auschwitz anbieten?

Muslime leben schließlich in Deutschland, sehen viele Überschneidungspunkte mit Juden. Natürlich ist die Schoah kein muslimisches Thema, aber im Hinblick auf die Prävention von Antisemitismus finde ich die Auseinandersetzung damit jetzt nicht so weit hergeholt.

LAMYA KADDOR: Und deshalb sollen islamische Verbände Fahrten nach Auschwitz organisieren?

Also das halte ich für überzogen. Ich nehme die Islamverbände ja ungern in Schutz, aber in diesem Fall muss ich es tun, denn es geht dort ja schon um die Pflege der Religion des Islam. Das sollten schon eher jüdische Organisationen für Muslime anbieten.

Abgesehen davon gibt es durchaus solche Initiativen, bei denen sich beispielsweise Imame um solche Reisen bemühen oder andere Angebote suchen, um gerade junge Muslime an das Thema heranzuführen. Sicher, es mögen nicht viele sein, aber ehrlich, ich kenne auch nicht besonders viele Nichtmuslime, die schon mal an einem Ort der Judenvernichtung waren.

MICHAEL RUBINSTEIN: Glaubst du, dass Juden in Deutschland ihre Geschichte gezielt ausnutzen, um Druck für ihre Belange zu machen?

LAMYA KADDOR: Ja, glaube ich. Genauso glaube ich, dass es Juden gibt, die sagen:»Wir dürfen uns nicht ausschließlich über die Opferrolle identifizieren lassen. Judentum bedeutet nicht nur Holocaust.« Es gibt immer Menschen, die Traumata für sich so ausschlachten, dass sie persönliche Gewinne dadurch erzielen. Warum sollte das für die Judenverfolgung nicht gelten? Siehst du das anders?

MICHAEL RUBINSTEIN: Es gibt sicherlich an der einen oder anderen Stelle so eine Art»Kätzchen-Bonus«, und manche versuchen, diesen zu nutzen. Ich will nicht abstreiten, dass einige die Vergangenheit argumentativ instrumentalisieren. Wenn Juden früher nicht zur Bundeswehr wollten mit Hinweis auf den Holocaust, kann ich das nachvollziehen. Die Vorstellung, bei der Bundeswehr an einen Offizier zu geraten, der vielleicht schon in der Wehrmacht Dienst geleistet hat, und womöglich an der Judenvernichtung beteiligt war, ist schon unerträglich. Aber wenn in der jüngeren Vergangenheit jemand zu uns kam, um von unserer Gemeinde immer noch mit Hinweis auf den Holocaust eine Bescheinigung zur Entbindung von der Wehrpflicht zu erhalten, tat ich mich schon schwer damit. Erstens gab es den Zivildienst und zweitens, wenn wir Juden die gleichen Rechte wollen, müssen wir auch die gleichen Pflichten akzeptieren. So verstehe ich Gleichberechtigung. Auch wenn mir solche Versuche persönlich nicht gefallen, kann ich sie menschlich nachvollziehen. Es ist ein schmaler Grat zwischen dem Einfordern»besonderer« Rechte und dem Wunsch, nicht immer nur als Jude wahrgenommen zu werden. Manchmal ist das Einfordern richtig und wichtig, manchmal aber auch kontraproduktiv. Da bedarf es großen Fingerspitzengefühls – nach innen wie nach außen.

LAMYA KADDOR: Also wenn ich richtig verstehe, ist es für dich durchaus legitim, dass jüdische Lobby-Gruppen die beinahe 2000-jährige leidvolle Geschichte in Europa für Ziele im Hier und Jetzt für sich einsetzen?

MICHAEL RUBINSTEIN: Es kommt immer darauf an, was man damit erreichen möchte, zum reinen Selbstzweck sind solche Hinweise illegitim. Aber vor der Zuwanderungswelle Ende der 1980er-Jahre gab es noch 30000 Juden in Deutschland. Es gibt Berechnungen, die besagen, wir wären heute nur noch 5000. Dass man vor diesem Hintergrund auf die Geschichte verweist, um Juden ein vereinfachtes Einreiseverfahren zu ermöglichen, um jüdisches Leben in Deutschland lebendig zu erhalten, halte ich wiederum für legitim.

LAMYA KADDOR: Es gibt den Vorwurf, Juden und Israelis würden immer in einen Topf gesteckt. Und du hast anfangs erklärt, dass Israel für viele Juden ein »Back-up« ist. Die jüdische Theologie lässt sich zwar von Israel weitgehend trennen, aber von den Gläubigen dann doch nicht ganz so einfach. Ist es da nicht unheimlich schwierig, Israels Politik zu kritisieren?

MICHAEL RUBINSTEIN: Gut, dass du schon mal nicht fragst, ob man »Israel« überhaupt kritisieren darf. Das ist nämlich der klassische Stereotyp. Natürlich ist es möglich, man muss sich in der Tat mehr Mühe geben und besser darauf achten, keine Verallgemeinerungen zu benutzen, als bei der Kritik an deutschen Parteien. Das ist wie mit der Islamkritik. Du achtest ebenfalls darauf, dass nicht von »dem« Islam und »den« Muslimen gesprochen wird.

Und es ist leider so, dass die Kritik an Israels Regierung häufig pauschalisiert und auf alle Bürger des Landes oder gleich auf alle Juden übertragen wird. Wenn ich deutsche Parteien kritisiere, käme niemand auf die Idee, diese Kritik auf alle Deutschen zu beziehen. Weder die israelische Politik ist einheitlich, noch denkt jeder Israeli gleich. Die schärfsten Israelkritiker sind oftmals selbst Israelis oder Juden.

LAMYA KADDOR: Uri Avnery, Tom Segev, Moshe Zuckermann oder Alfred Grosser, Evelyn Hecht-Galinski, Norman Finkelstein – die Liste ist lang, ich weiß. Aber die haben genauso mit Anfeindungen zu kämpfen – so wird ihnen oft jüdischer Selbsthass vorgeworfen. Was sagst du zum Stichwort »Antisemitismus-Keule«? Es ist nicht immer einfach, Beispiele zu bringen, um eine Sachlage zu verdeutlichen. Beispiele hinken fast immer, und viele nutzen das aus, um vom eigentlichen Sachverhalt abzulenken. aber nimm das Beispiel des Verlegers und Journalisten Jakob Augstein, den das Simon-Wiesenthal-Zentrum 2012 auf die Liste der schlimmsten Antisemiten weltweit gesetzt hat. Selbstverständlich kann man Augsteins Äußerungen über den Nahostkonflikt in seiner Kolumne auf »Spiegel online« kritisieren – vielleicht muss man es sogar, aber wenn er sagt: Die Atommacht Israel gefährde den ohnehin brüchigen Weltfrieden, Israel werde zwar von islamischen Fundamentalisten in seiner Nachbarschaft bedroht, aber die Juden hätten ihre eigenen Fundamentalisten, oder Gaza sei ein Ort aus der Endzeit des Menschlichen, ein Gefängnis, ein Lager, in dem Israel sich seine eigenen Gegner ausbrüte. Aber um die Inhalte geht es mir hier nicht. Die Frage ist: Warum muss das Wiesenthal-Zentrum gleich übertreiben und ihn in eine Reihe mit Irans Staatschef Mahmud Ahmadinedschad und Fanatikern der ägyptischen Muslimbruderschaft in eine Reihe stellen? Wird die »Antisemitismus-Keule« manchmal nicht zu schnell herausgeholt?

MICHAEL RUBINSTEIN: Das kann man nicht verallgemeinern. Es gibt Juden, die empfinden manche Kritik als antisemitisch. Einige sind da schlicht empfindlicher oder verstehen unter Antisemitismus möglicherweise etwas anderes als ich. Was Jakob Augstein betrifft, würde ich gern Dieter Graumann zitieren, der sagt, er glaube nicht, dass Augstein selbst unbedingt antisemitisch ist. In einigen konkreten Aussagen Augsteins sei jedoch die Grenze überschritten. Man darf sicherlich nicht immer die Antisemitismus-Keule schwingen, aber man muss auch auf einen Antisemitismus-Verdacht aufmerksam machen, weil der in der Gesellschaft heute wieder viel stärker verankert ist als vor einigen Jahren. Und ich glaube, ich spreche da für die gesamte jüdische Seite: Wir wären froh, wenn nicht wir immer auf antisemitische Tendenzen hinweisen müssten, sondern andere Bevölkerungsteile sagen würden:»Hallo, was soll das schon wieder?«

Und wenn es antisemitische Ausfälle in Deutschland gibt und ein Aufschrei durch die Republik geht, weiß ich nicht, ob das vielleicht nur prominente Äußerungen an der Oberfläche sind. Studien zeigen doch, wie stark der Antisemitismus in Deutschland ist: Wir hatten 2011 eine große Umfrage, wonach 20 Prozent der Deutschen latent antisemitisch seien. Und beim SPD-Politiker Thilo Sarrazin und dessen Äußerungen in und um seinen Bestseller »Deutschland schafft sich ab« hat man auch gemerkt, welche Zustimmung und Beachtung jemand mit solchen Thesen quer durch die Bevölkerung erfahren kann. Gewiss hat es den Aufschrei von Politikern, Journalisten und Wissenschaftlern gegen dessen Thesen gegeben, aber wie stark ist das Echo in der einfachen Bevölkerung?

Wenn jemand Ahnung vom Judentum hat und sich fundiert mit der Theologie auseinandergesetzt hat, kann er sicherlich auch kritische Fragen stellen. Das muss jede Religion über sich ergehen lassen. Nur in den seltensten Fällen geht es tatsächlich um eine Kritik am Judentum, denn die meisten Menschen haben keine näheren Kenntnisse von der Religion. Also was kritisieren sie da?

Die Beschneidung? Gut, das ist eine gewisse Ausnahme. Das ist eine theologische Frage. Was allerdings nicht heißt, dass sie vorwiegend theologisch diskutiert wurde. Gerade so ein Thema wird von Antisemiten gern instrumentalisiert. Für mich wird eine Grenze überschritten, wenn bei Verhaltensweisen, die auch bei anderen beobachtet werden könnten, das Jüdische aufs Tapet gebracht wird. Der Journalist Henryk M. Broder mag ja umstritten sein, aber warum ist er, selbst wenn er sich über Vulkane in Island äußert, der »jüdische« Journalist? Das soll doch offenbar beim Publikum einen Nerv treffen. Wie ist das bei dir, fühlst du dich wegen der Schoah gehemmt, Juden zu kritisieren?

LAMYA KADDOR: Ich würde Juden nicht kritisieren. Wenn überhaupt, würde ich Israelis kritisieren, und dann auch nicht alle, sondern bestimmte Personen oder Parteien. Konstruktive Kritik kann nur spezifisch ausgerichtet sein. Außerdem sollte sie sich grundsätzlich eher an Handlungen orientieren und nicht an Gesamtpersonen. Wieso sollte also der Jude per se kritisiert werden?

Aber auch ich bin schon als Antisemitin kritisiert worden. Es ging um ein Facebook-Posting. Ich habe einen Artikel verlinkt – es war ein seriöser Link, darauf achte ich, in dem Fall die österreichische Zeitung »Der Standard« –, indem berichtet wurde, dass äthiopischen Einwanderinnen in Israel aus rassistischer Motivation heimlich eine Hormonspritze verabreicht wurde, damit sie keine Kinder bekommen können. Daraufhin erhielt ich E-Mails von Personen, die man zu einer vor allem im Internet aktiven, radikalen Israel-Lobby zählen kann. Sie forderten mich auf, den Link zu löschen oder Gegenbelege von irgendwelchen Internetplattformen zu posten, die ihnen ideologisch nahe stehen. Das war das letzte Mal, an das ich mich erinnere, als Antisemitin beschimpft worden zu sein.

MICHAEL RUBINSTEIN: Was stellst du auch für Links ein?! Ich bin bei solchen Behauptungen generell skeptisch, nicht weil es mit Israel zu tun hat. Allerdings muss man schon sauber unterscheiden: Kritik an irgendetwas heißt nicht automatisch, dass sie sich direkt gegen ein ganzes Volk richtet.

Wenn ich Dinge in der muslimischen Welt kritisiere, heißt das auch nicht, dass ich gegen Muslime bin.

LAMYA KADDOR: Ich habe vorhin mal gesagt, Juden seien gebildet und gut vernetzt. Empfindest du das eigentlich als Klischee beziehungsweise als positive Diskriminierung?

MICHAEL RUBINSTEIN: Wenn man eitel ist, könnte man schon sagen: Es gibt vielleicht 15 Millionen Juden auf der Welt und mehr als 150 jüdische Nobelpreisträger. Sicher, das ist auch ein Klischee, aber uns wurde auch von Generation zu Generation immer beigebracht: »Nur das, was ihr im Kopf habt, ist das, was man euch nicht wegnehmen kann.« Bildung ist im Judentum ein zentrales Thema. Und ja, wir sind halt das jüdische Volk, und wir sind trotz unserer Vielfältigkeit und der unterschiedlichen religiösen und politischen Schattierungen, das kann man schon sagen, untereinander sehr gut vernetzt, was man auch an den jüdischen Organisationsstrukturen sehen kann, ob es der Zentralrat der Juden in Deutschland ist, ob es das Netz der europäischen Juden ist oder ob man in die USA schaut. Und wenn man über Jahrhunderte, über Jahrtausende immer angefeindet wird, rückt man natürlich zusammen, sodass man sagen kann, dass die Juden untereinander eher zusammenhalten als andere Gruppierungen, wenn es darauf ankommt. Ja, dann versuchen wir, mit einer Stimme zu sprechen. Wir Juden sind zwar bei Weitem nicht die homogene Gesellschaft, als die sie häufig dargestellt werden, wir liefern uns schon heftige Auseinandersetzungen. Schau dir nur die Jüdische Gemeinde zu Berlin an, die trägt ihre Zwistigkeiten in aller Öffentlichkeit aus, bis hin zu Tätlichkeiten unter den Repräsentanten im Mai 2013. Das nenne ich vollen Einsatz. Spaß beiseite. Selbst wenn die innerjüdische Solidarität nicht immer gegeben ist, besteht trotzdem ein gewisser Zusammenhalt. Doch ist das unter Muslimen nicht auch so? Da ist der Glaube ebenso ein einendes Band, auch wenn man unterschiedliche Meinungen hat …

LAMYA KADDOR: Nein, leider viel zu wenig. Muslime gehen sich lieber untereinander an, als dass sie an einem Strang zögen.

Ist es denn auch berechtigt, den Juden oder ihren Vertretungen einen größeren Einfluss zuzuschreiben? Wir haben das ja schon beim Zentralrat angesprochen. Das ist ja auch ein antisemitisches oder antijüdisches Klischee.

MICHAEL RUBINSTEIN: Lobbyarbeit kann man generell so oder so bewerten. Ob die jüdische Lobby nun besser oder schlechter ist als irgendeine andere, sei dahingestellt. Allerdings ist es doch vollkommen legitim, dass auch die jüdische Seite ihre Interessen vertritt. Warum sollte sie nicht? Es ist jedem unbenommen, ebenfalls Lobbyarbeit zu betreiben. Und wenn man das Paradebeispiel Amerika betrachtet, dort gibt es nicht »die« jüdische Lobby. Berühmte amerikanische Juden findet man auf Seiten der Republikaner ebenso wie auf Seiten der Demokraten.

LAMYA KADDOR: Was aber doch auffällig ist, wenn man sich zum Beispiel einmal den globalen Schlüsselsektor »Finanzen« anschaut, da findet man viele bekannte Namen: Die Rothschilds, der frühere FED-Chef Alan Greenspan und sein Nachfolger Ben Bernanke, der frühere Weltbank-Präsident Paul Wolfowitz, Ex-IWF-Chef Dominique Strauss-Kahn, die Lehman Brothers, Goldman Sachs, Salomon Oppenheim …

MICHAEL RUBINSTEIN: Ja, aber haben die ihre Posten aus religiösen Gründen bekommen? Nein, sie haben sie wegen ihrer Qualifikation erhalten. Außerdem ist der Geldmarkt nun mal ein urjüdisches Berufsfeld. Es wurde den Juden zugewiesen und dann sind sie halt gut darin geworden. Da haben sich die antisemitischen Geister der Vergangenheit ziemlich in den Finger geschnitten, als sie den Juden im Mittelalter verboten, in die damals hoch ehrenwerten Handwerker-Bünde einzutreten. Juden sollten in den führenden Wirtschaftsbereichen des Mittelalters keine große Rolle spielen. Sie sollten sich lieber mit dem anrüchigen Geschäft des Geldverleihs abgeben – das würde besser zu ihnen passen. Nun hat sich die Welt in der Zwischenzeit weitergedreht. Das Handwerk hat an Bedeutung verloren und die Finanzbranche ist zu einem der bestimmenden Faktoren des Weltgeschehens geworden. Aber dafür können »die« Juden nichts. Glaub mir, ich kenne genug Juden, die keine Ahnung von Geld haben.

LAMYA KADDOR: Und wie begegnest du Hinweisen auf die Konzentration im Medienbereich? Das muss auch stets als antisemitische Stereotype herhalten, und es liest sich tatsächlich wie ein »Who is who«: Facebook-Gründer Mark Zuckerberg, Google-Gründer Larry Page und Sergey Brin, Microsoft-Mitbegründer Steve Ballmer, der ehemalige Pro7-Chef Haim Saban, Steven Spielberg und diverse andere CEOs und Mitbegründer großer Filmstudios oder Produktionsfirmen wie 20th Century Fox, Disney oder Warner Brothers.

MICHAEL RUBINSTEIN: Ich glaube, es ist völlig unwichtig, dass das Juden sind. Hier werden Juden erst zu Juden gemacht. Steve Ballmer etwa erklärt meines Wissens, dass er zwar eine jüdische Mutter gehabt habe, aber nie religiös erzogen worden sei. Bei Mark Zuckerberg ist es ähnlich. Abgesehen davon, auf den Medienbereich schaut die Weltöffentlichkeit. Aber wir wissen wohl kaum, ob in der Alu-Industrie viele Manager Juden sind, denn niemand befasst sich damit. Auch im Mediensektor dürften zunächst die Bildungshintergründe eine Rolle gespielt haben und später natürlich auch die Kontakte. Es mag schon sein, dass man durch die Vernetzung heute eher Wind davon bekommt, wenn irgendwo eine Tür offen steht. Aber ob nun ein Mark Zuckerberg dieses Vitamin-B erfunden hat, möchte ich mal bezweifeln. Außerdem arbeiten weder bei Facebook noch bei Google oder Pro7/Sat1 nur Juden. Steve Jobs, der Apple gegründet hat, war zum Gegenbeispiel kein Jude ...

LAMYA KADDOR: Der leibliche Vater war Syrer! Und dann auch noch Muslim.

MICHAEL RUBINSTEIN: Ja, unglaublich, nicht wahr? Im Prinzip ist die jüdische Weltbevölkerung gar nicht so groß, als dass man sagen könnte, sie sitze an allen wichtigen Schalthebeln. Und allein wenn wir wieder zurück nach Deutschland schauen, die Bundesregierung ist in Europa ein politisches Schwergewicht, vielleicht sogar das politische Schwergewicht, und wir haben weder auf Bundesebene noch auf Landesebene irgendwo einen jüdischen Spitzenpolitiker. Auch an sonstigen Schalthebeln außerhalb jüdischer Organisationen besetzen wir keine Spitzenpositionen. Der Wissensgedanke, den ich vorhin angesprochen habe, sorgt zwar für ein großes Potenzial an Kreativität und Strebsamkeit, aber ich kenne eben auch ganz viele Juden, die diesem Bild nicht entsprechen, die arm sind und keine sonderliche Bildung haben. Sag mal, warum bauen die Muslime eigentlich nicht etwas Ähnliches auf, wenn sie die Lobbyarbeit der Juden so beeindruckend finden?

LAMYA KADDOR: Ich deutete ja bereits an, dass sich Muslime lieber untereinander bekämpfen, statt an einem Strang zu ziehen. Das kannst du in der ganzen Geschichte des Islam beobachten. Direkt nach dem Tod Muhammads ging es los mit den Auseinandersetzungen. Muslime standen anders als Juden lange Zeit in ihrer Geschichte auf der Siegerseite. Sie bauten rasch ein Riesenreich auf, unterwarfen andere Völker und blieben über Jahrhunderte eine Weltmacht. Und wo keine Gegner sind, hält man sich eben an die eigenen Leute. Es gibt heute durchaus eine muslimische Lobbyarbeit, aber die jeweiligen Gruppen vertreten nur einen gewissen Teil der Muslime. Nimm das Beispiel der türkischen Gülen-Bewegung: Sie ist durchaus finanzstark und betreibt auch hier Internate und Akademien. Die Mitglieder vertreten aber einen konservativen Islam und treten sektenhaft auf, sodass sich nur ein Teil der Muslime von ihnen angesprochen fühlt.

Muslime sind während der vergangenen zwei, drei Jahrhunderte mit einem massiven kulturellen Verlust konfrontiert. Die Gründe lassen wir mal außen vor, das führt zu weit. Man müsste sonst auch das Thema Imperialismus aufmachen. Von dem kulturellen Erbe des Islam ist in dieser Zeit, in der ich geboren wurde, so gut wie nichts mehr übrig. Es wird nur noch Religion als Kultur verkauft. Bildende Künste, Poesie, Wissenschaft – alles bleibt außen vor. Mir wurde das so nie beigebracht, ich musste erst Islamwissenschaft studieren, um davon zu erfahren.

MICHAEL RUBINSTEIN: Ich habe häufig den Eindruck, es hat auch ein bisschen mit dem Selbstverständnis zu tun. Sicherlich – das darf man nicht kleinreden –, Menschen mit Migrationsgeschichte haben schlechtere Bildungschancen, aber dieser Nachteil wird auch gern als Alibi genutzt. Von unseren Migranten in der jüdischen Gemeinde fallen einige ebenfalls in die sozialen Sicherungssysteme des Staates, dennoch ist ihnen wichtig, dass ihre Kinder Bildung erhalten sollen. Sie stecken alles dort rein: Geld, Kraft und Ausdauer. Dieses Bemühen trifft man nicht bei allen Einwanderern an. Manchmal scheint da eine andere Mentalität zu herrschen oder vermittelt zu werden und man ruht sich auf dem Standpunkt aus: »Die Eltern hatten keine Bildung, also können sie auch den Kindern nichts bieten.« Es fehlt der Ehrgeiz.

LAMYA KADDOR: Ich würde sagen, die Erkenntnis, dass Bildung so viel wert ist, ist bei vielen Eltern noch nicht vorhanden. Einige kommen zum Teil aus Dörfern – meine Eltern stammen auch aus dem Dorf –, wo der Sozialstatus durch eine frühe und »gute« Heirat mitbestimmt wird. Bildung wird da fast schon als Gefahr gesehen, denn Bildung heißt Freiheit, heißt Aufmüpfigkeit, heißt Unkontrollierbarkeit. Manche Menschen staunen nach wie vor, wenn ein Mädchen fünf Jahre, sechs Jahre studiert, um Anwältin zu werden, und erst mit Mitte/Ende dreißig das erste Kind auf die Welt bringt.

Wie gesagt, meine Eltern kommen auch aus einem Dorf, und trotzdem sind alle ihre vier Kinder beruflich erfolgreiche Akademiker geworden. Unsere Eltern haben das nur nicht islamisch oder kulturell abgeleitet, sondern menschlich. Sie wollten, dass wir die Chancen nutzen, die sie nicht ergreifen konnten. Treibende Kraft war meine Mutter, und hier muss man wiederum konstatieren: Sie kommt zwar aus dem Dorf, aber in ihrer Familie waren zumindest die älteren Männer alle gebildet, und von ihren jüngeren Geschwistern und Halbgeschwistern haben sogar – Männer und Frauen – alle in Syrien und im Ausland studiert. Man darf das soziale Erbe nicht zu tief hängen. Man kann sich davon befreien, die Regel ist es nicht.

MICHAEL RUBINSTEIN: Glaubst du, dass die Muslime zu viele Forderungen stellen? Man hört immer Forderungen von Verbänden: Islamunterricht, Einführung islamischer Feiertage, staatliche Anerkennung als Körperschaft.

LAMYA KADDOR: Die mediale Berichterstattung ist schon so, dass man den Eindruck bekommen kann, und dann heißt es: »Wer ist denn der deutsche Staat, dass der das permanent erfüllen soll? Wir kuschen alle vor dem Islam und vor den Muslimen!« Aber zum einen sind die islamischen Verbände nicht die Vertreter aller Muslime. Sie repräsentieren bekanntermaßen nur einen bestimmten Teil. Mich zum Beispiel repräsentieren sie nicht, weshalb ich mit Gleichgesinnten den Versuch unternommen habe, mit dem Liberal-Islamischen Bund zumindest eine Alternative zu starten. Zum andern sind die Forderungen teilweise völlig berechtigt. Du musst es andersherum sehen: Warum müssen Muslime überhaupt so viele Dinge fordern? Wenn sie gleich behandelt würden, gäbe es nichts zu fordern! Ich meine, wir reden hier nicht von ein paar hundert Religionszugehörigen, sondern von der zweitgrößten Religionsgemeinschaft mit über 4 Millionen Anhängern. Was ist so schlimm daran: einen Islamunterricht zu fordern, wenn christlicher und jüdischer Religionsunterricht selbstverständlich sind? Das Problem liegt eher darin, dass Muslime für ihre Rechte vor Gericht ziehen müssen, was sie dann in eine exponierte Position bringt, die uns letztlich eher schadet als nützt. Ich glaube nicht, dass Muslime zu viele Forderungen stellen.

MICHAEL RUBINSTEIN: Muslime gelten in religiösen Belangen ziemlich kritikresistent.

LAMYA KADDOR: Dafür es gibt einen historisch-theologischen Grund: Aus Sicht eines Großteils der islamischen Theologen ist es seit einigen Jahrhunderten ausgeschlossen, Koran und Sunna eigenständig zu interpretieren, um zu religiösen Rechtsurteilen zu kommen. Stattdessen dürfen sie nur den Meinungen früherer Gelehrter folgen. Das hat natürlich auch Auswirkungen auf die Gläubigen. Ganz viele verlassen sich blind auf die geistlichen Autoritäten und denken selbst nicht mehr nach. Dadurch werden sie unmündig, sodass sie mit Kritik nichts mehr anfangen können. Dann gibt es einen sozialen Grund: Kritik kommt heute oft als verdeckte Islamfeindlichkeit daher. Das Wort Kritik soll dann bloß pure Verunglimpfungen kaschieren. Und da sagen halt viele: »Geh mir weg mit ›Islamkritik‹!«

MICHAEL RUBINSTEIN: Warum stehen so wenige Muslime auf, wenn andere im Namen ihrer Religion Menschen beleidigen oder gar töten? Warum tun sie so wenig gegen Extremisten in den eigenen Reihen?

LAMYA KADDOR: Tun sie doch. Es werden Kundgebungen organisiert. Es werden Stellungnahmen herausgegeben. Aber viele Muslime sehen sich selbst als Opfer oder zumindest als Benachteiligte in diesem Land – was sie zweifellos sind. Das zeigen diverse Studien und Umfragen. Vor diesem Hintergrund sehen es viele nicht ein, sich auch noch selbst zu kritisieren. Aus meiner Sicht übrigens ist das völlig verkehrt. Und man darf auch nicht vergessen, viele Muslime werden zwar von außen vor allem als Muslime gesehen, aber das heißt nicht, dass sie sich selbst auch primär als Muslime betrachten. Es ist so ähnlich, wie du nicht nur als Jude gesehen werden willst. Also wenn ich an meinen Bruder denke, der erfolgreich in einem großen deutschen Unternehmen arbeitet, dann sieht der sich nicht unbedingt nur als Muslim – sondern vielleicht als Manager, als Familienvater, als Deutscher mit syrischen Wurzeln. Und wer sich eben nicht zuallererst als Muslim identifiziert, der wird auch nicht sofort aufschrecken, wenn einige Fanatiker sich im Namen der Religion in die Luft sprengen. Der wird vielleicht den Kopf schütteln und sagen, was für kranke Menschen es doch gibt, und dann zur Arbeit gehen. Durch die Islamdebatten seit den Anschlägen vom 11. September 2001 werden die Menschen von der Gesellschaft schlicht muslimisiert – gezwungen, sich als Muslime zu sehen. Der Kampf gegen Extremisten, die die deutsche Gesellschaft bedrohen, ist eine Aufgabe, die sich an alle gemeinsam richtet. Außerdem, wenn Milli Görüs zur Demo aufruft, werden sich viele Liberale nicht dazustellen.

II. Das Kardinalproblem – der Nahostkonflikt

»Was Rubinstein als OB-Kandidat angeht, finde ich das nicht gut. Ich finde, wir brauchen - gerade jetzt – in Duisburg einen deutschen OB. Rubinstein kann ja gern seinen jüdischen Club [gemeint ist die Jüdische Gemeinde Duisburg, Mühlheim/Ruhr, Oberhausen] weiter leiten. Da habe ich nichts dagegen, betrifft mich ja nicht. Schließlich schicken wir ja auch keinen Deutschen nach Israel mit dem Ziel, ihn zum israelischen Ministerpräsidenten zu machen.«

Diese Email erreichte mich im Rahmen meines Oberbürgermeisterwahlkampfes im März 2012, natürlich unter falschem Namen abgeschickt. Fünf kurze Sätze, die eine eindeutige Botschaft aussenden: Rubinstein ist nicht deutsch, Rubinstein ist jüdisch und Israeli. Dass Juden als Israelis wahrgenommen werden, ist beinahe alltäglich. Sicherlich ist das ein Grund dafür, dass der Nahostkonflikt selbst im geographisch weit entfernten Duisburg ein Thema ist. Jüdischen Mitbürgern und insbesondere Jüdischen Gemeinden wird da rasch die Rolle eines »Außendienstmitarbeiters« oder Außenpostens des Staates Israel zugewiesen. Die einen nehmen sie an, andere nicht.

Der Kommunalpolitiker Hermann Dierkes, bis 2013 Fraktionschef der Partei »Die Linke« im Rat der Stadt Duisburg, fühlte sich im Jahr 2009, als er als Oberbürgermeister kandidierte, dazu berufen, einen Boykottaufruf gegen Israel zu unterstützen. Dazu wurde ein Flugblatt veröffentlicht. Dierkes erläuterte gegenüber dem »Muslim-Markt«, einem Internetportal, dessen Betreiber wegen islamistischer Aktivitäten im Blickfeld des Bundesamtes für Verfassungsschutz stehen: »Als Aktionsformen, um die israelische Politik zu einer Änderung zu bewegen, werden darin vorgeschlagen: Boykott, Desinvestment, Sanktionen. Ich füge hinzu, ich halte diese Maßnahmen für vollkommen legitim. Jede und jeder könne sich zum Beispiel ganz persönlich entscheiden, ob er/sie im Supermarkt Obst und Gemüse aus Israel kaufe oder nicht, ich tue das angesichts der schweren Menschenrechtsverletzungen durch Israel schon lange nicht mehr.« Ein Aufschrei ging durch Duisburg und Hermann Dierkes zog in letzter Konsequenz seine Kandidatur zurück.

Selbstverständlich muss und soll Israelkritik in Deutschland möglich sein, dies gehört zur demokratischen Errungenschaft der Meinungsfreiheit. Ein Maulkorb wäre weder richtig noch zielführend. Die wirklich relevanten Fragen in diesem Vorfall sind jedoch andere: Warum fühlt sich ein Lokalpolitiker im Wahlkampf zur Unterstützung eines Boykottaufrufs gegenüber einer anderen Nation, die mehrere tausend Kilometer entfernt ist, veranlasst? Und warum griff er sich ausgerechnet Israel unter all den Staaten heraus, die die Menschenrechte missachten? Israel ist bekanntlich kein Staat wie jeder andere, weder in seinem Selbstverständnis noch in der internationalen Wahrnehmung.

Auch auf das im Großen und Ganzen konstruktiv-freundschaftliche Verhältnis zwischen Juden und Muslimen auf der lokalen Organisations- und Funktionärsebene wirft der Nahostkonflikt bisweilen seine Schatten. Als die Duisburger Stadtspitze zu einer gemeinsamen Kundgebung der gesellschaftlichen und religiösen Kräfte unter dem Motto »Flagge zeigen« aufrief, kam es beinahe zu einem Scheitern der gemeinsamen Bemühungen. Von Teilen der muslimischen Organisationen wurde es abgelehnt, die Veranstaltung offiziell am Yitzhak-Rabin-Platz beginnen zu lassen. Als Begründung wurde der über den Namenspatron, den Friedensnobelpreisträger und 1995 ermordeten israelischen Ministerpräsidenten, scheinbar gegebene Bezug zum Staat Israel genannt. Erst mit dem Kompromiss, dass man die Veranstaltung offiziell am »Jüdischen Gemeindezentrum Duisburg« starten würde – das direkt neben dem Yithak-Rabin-Platz liegt –, ließen sich die Wogen glätten. Wenn an solchen Detailfragen das große Ganze zu scheitern droht, hinterlässt das viele Fragen bezüglich der Belastbarkeit der Dialogbereitschaft.

Dem Ganzen vorausgegangen war am 10. Januar 2009 der so genannte Duisburger Flaggenstreit. Die islamische Bewegung Milli Görüs demonstrierte gegen den Gaza-Krieg, der zu diesem Zeitpunkt stattfand. Rund 10000 Menschen folgten dem Aufruf und zogen unter den Augen der Sicherheitskräfte durch die Duisburger Innenstadt. Am Rande des

Demonstrationsweges hatte ein Student an Fenster und Balkon seiner Wohnung eine Israelfahne angebracht. Die Fahne erregte den Zorn einiger Demonstranten, worauf diese begannen, Gegenstände nach ihr zu werfen. Als »deeskalierende Maßnahme« brachen daraufhin Polizeibeamte die Wohnung auf, in der sich in diesem Moment niemand aufhielt, und entfernten die Flagge – unter lautem Beifall der Demonstranten, die anschließend ihren Protestmarsch wie geplant fortsetzten. Dieser Vorfall fand internationale Beachtung, unter anderem im US-Sender FOX-News, der spanischen Zeitung »El Mundo« sowie der israelischen »Jerusalem Post«. Auf YouTube wurden die Videoaufnahmen tausende Male geklickt. Die politische Debatte, die der Fall auslöste, blieb aber letztendlich ohne Konsequenzen. Bei einem späteren Protestzug muslimischer Vereine gegen die Politik des Staates Israel wurden rund um das Jüdische Gemeindezentrum Duisburg Panzerblockaden aufgestellt sowie eine Hundertschaft der Polizei eingesetzt, um mögliche Übergriffe zu verhindern.

Eine Frage bleibt bis heute im Raum stehen: Warum demonstrierten überwiegend türkeistämmige Muslime, die in Duisburg leben, in diesem Ausmaß gegen die Politik Israels? Es leben kaum Israelis in Duisburg und die Funktionäre unserer Jüdischen Gemeinde, mich eingeschlossen, halten sich ganz bewusst mit Äußerungen zu Israel und zum Nahostkonflikt weitgehend zurück. War es ein Ventil, um unter dem Deckmantel der israelischen Politik gegen die hiesige jüdische Bevölkerung demonstrieren zu können, was ansonsten nicht möglich gewesen wäre? Oder war es ein Ausdruck für den Status der israelisch-türkischen Beziehungen? Beide Länder waren lange Zeit miteinander in freundschaftlichem Kontakt und pflegten intensive Wirtschaftsbeziehungen. Nennenswerte historische Gründe für die Feindschaft gibt es nicht. Erst unter dem türkischen Ministerpräsidenten Recep Tayyip Erdogan verschlechterte sich das bilaterale Verhältnis. Doch auch das taugt nicht so recht als einleuchtende Erklärung. Den absoluten Tiefpunkt markierte erst eineinhalb Jahre später der Fall der »Mavi Marmara«, eines Passagierschiffs, das von israelischen Soldaten gewaltsam an einer »Solidaritäts«-Fahrt nach Gaza gehindert wurde. Bei diesem Einsatz starben neun Passagiere. Die »Mavi Maramara« war von der türkischen Organisation IHH (zu

Deutsch: Stiftung für Menschenrechte, Freiheiten und Humanitäre Hilfe) bereitgestellt worden, die wiederum Anfang der 90er-Jahre aus der Bewegung Milli Görüs heraus entstanden ist.

Bleibt zu konstatieren, dass die jüdische Seite anscheinend in die Rolle des lokalen Stellvertreters des Staates Israel gedrängt wird, während sich die muslimische Seite in die Position einer Solidargemeinschaft mit den Palästinensern zu begeben scheint. Bedauerlicherweise konterkariert es ein Stück weit die Bemühungen, einander in einem offenen Dialog zu begegnen und sich nach Möglichkeit und Bedarf gegenseitig zu unterstützen.

Michael Rubinstein

LAMYA KADDOR: Du hast jetzt vor allem die Auswirkungen des Nahostkonflikts auf deine Arbeit thematisiert. Mich würde zunächst Folgendes interessieren: Wer hat Schuld am Nahostkonflikt?

MICHAEL RUBINSTEIN: Die Engländer. Es kommt darauf an, wie man den Nahostkonflikt definiert oder wann man ihn beginnen lässt: mit der Staatsgründung Israels am 14. Mai 1948, mit dem Zweiten Weltkrieg und der Schoah, mit den ersten größeren Einwanderungswellen jüdischer Menschen im ausgehenden 19. Jahrhundert, mit dem seit Jahrtausenden in der Region schwelenden Konflikt zwischen Juden und anderen Völkern oder eben mit der Balfour-Deklaration vom 2. November 1917. Damals hatte der britische Außenminister Arthur James Balfour dem Bankier Walter Rothschild in einem Brief versichert, dass seine Regierung die Zionistische Weltorganisation bei der »Errichtung einer nationalen Heimstätte für das jüdische Volk in Palästina« unterstützen würde.

LAMYA KADDOR: Und zugleich hatte die britische Regierung den Arabern signalisiert, dass sie die Hoheit über die Region erhielten, wenn sie sich dem damaligen Kampf gegen das Osmanische Reich anschlössen. Zu dieser Zeit spielt bekanntlich die berühmte Geschichte des Lawrence von Arabien.

MICHAEL RUBINSTEIN: Genau. Und ungeachtet des Ganzen hatten die Briten am 16. Mai 1916 auch noch eine geheime Übereinkunft mit Frankreich getroffen, wie sie die Region nach der Zerschlagung des Osmanischen Reichs unter sich selbst kolonialistisch aufteilen wollten. Frankreich riss sich die nördlichen Bereiche …

LAMYA KADDOR: … vor allem das heutige Syrien …

MICHAEL RUBINSTEIN: … unter den Nagel und die Briten den südlicheren Bereich – also vor allem Jordanien und den Irak. Diese Doppelzüngigkeit und Doppelstrategie der Engländer, beiden Seiten quasi dasselbe zu versprechen und dann etwas ganz anderes zu tun, war natürlich ein entscheidender Aspekt für den Beginn des Nahostkonflikts. Aber auch das ist selbstverständlich nur eine Ursache. Letztendlich kann das kaum ein Grund sein, warum man sich auch im Jahr 2013 noch die Köpfe einschlägt. Deswegen ist die Schuldfrage eine ganz, ganz schwierige Frage. Es werden nationale Interessen, sprich der Streit um Boden, mit religiösen Aspekten zusammengebracht. Was die rein staatliche Gewalt angeht, dürfte die Schuldfrage einfach zu klären sein. Israel ist angegriffen worden. Kaum war der junge Staat 1948 ausgerufen, überfiel ihn die arabische Welt auch schon gemeinschaftlich. Bis heute wird Israel von mehreren Staaten der Region nicht anerkannt. Man kann also schon sagen: Israel war am Anfang nicht der Aggressor. Israel hat sich nur gewehrt.

LAMYA KADDOR: Aber was ist mit den jüdischen Terrorgruppen und paramilitärischen Einheiten, die lange vor der Staatsgründung Israels die Engländer und die Palästinenser angegriffen haben? Bis in die 1980er-Jahre hinein galt der Anschlag vom 22. Juli 1946 auf das King David Hotel in Jerusalem, wo damals ein Teil der britischen Mandatsregierung saß, als einer der weltweit folgenschwersten mit mehr als 90 Toten. Urheber war die Irgun unter Führung von Menachem Begin, dem späteren israelischen Ministerpräsidenten. Also ich würde das schon auch aggressives Verhalten nennen.

MICHAEL RUBINSTEIN: Vergiss aber bitte nicht, dass die Palästinenser vor der Staatsausrufung Israels ebenfalls zu den Waffen gegriffen haben. Es gab nicht nur jüdische Kampfeinheiten. Was ist mit dem Massaker in Hebron 1929? Da wurden über 67 jüdische Zivilisten von Palästinensern ermordet. Und es gab weitere Pogrome gegen Juden.

LAMYA KADDOR: Ich verstehe deinen Standpunkt. Wenn ich mich aber in die Position der Palästinenser versetze, wirkt deine Aussage trotzdem ganz schön merkwürdig. Die Palästinenser denken nicht zu Unrecht: Wir wurden doch besetzt! Unser Land wurde uns doch genommen. Die Aggression ging doch nicht von uns aus!

MICHAEL RUBINSTEIN: Die Ländereien sind den Menschen nicht nur mit Waffengewalt weggenommen worden. Es gab viele Bauern, denen die Felder legal abgekauft wurden.

LAMYA KADDOR: Stimmt, und unter welchen Umständen? Da trafen reiche, gebildete Händler aus Europa auf arme, ungebildete Bauern in Palästina. Letztlich kann man nicht von der Hand weisen, dass damals fremde Leute gekommen sind und die Lebensumstände der Bewohner dieses Landstrichs manipuliert oder neutraler gesprochen: verändert haben. Ich finde, man muss ihnen das schon zugestehen.

MICHAEL RUBINSTEIN: Natürlich haben die politischen Entscheidungen im Hinblick auf das frühere Palästina Freundschaften zerstört und Freunde zu Feinden werden lassen. Es ist ja nicht so, als hätten Juden und Muslime im Heiligen Land nicht auch friedlich nebeneinander und sogar miteinander gelebt, bevor der Staat Israel gegründet wurde. Auch die Frage nach Araber oder Jude als Aggressor ist letztlich nur zweidimensional. Vielleicht muss man akzeptieren, dass einige Fragen nicht eindeutig zu lösen sind. Was ich nur sagen wollte, ist, dass die erste kriegerische Gewalt nach der Ausrufung des Staates Israel von der arabischen Seite ausging. Selbstverständlich hat sich Israel nicht nur verteidigt, sondern auch aktiv gehandelt und angegriffen. Aber der erste Angriff eines Staates auf einen anderen kam eben von der arabischen Seite. Darum ging es mir, und nicht darum zu sagen, wer die Gewalt in der Region oder unter den verschiedenen Bevölkerungsteilen ausgelöst hat.

Lamya Kaddor: Gut, darüber kann man natürlich reden, dass nach der Staatsausrufung die arabische Seite trotz allen Zorns erst einmal Zurückhaltung hätte üben können, um möglicherweise auf diplomatischem Weg weiter nach einer Lösung zu suchen, statt einen Angriffskrieg zu führen? Allerdings müsste man vorher klären, mit welchem Recht 1947 die Vereinten Nationen überhaupt die Resolution 181 beschließen durften. Warum durften ein paar Länder, 57 an der Zahl, ein bewohntes Gebiet teilen und einen Landstrich Israel nennen und den anderen Palästina? Zumal auch noch 13 Staaten gegen diesen Plan votierten und sich zehn weitere enthielten?

Michael Rubinstein: Nun, wo hätte man denn sonst über diesen Konflikt beraten sollen? Die UNO war damals die politische Vertretung der weltweiten Staatengemeinschaft. Und durch den Internationalen Gerichtshof hätte Israel in der arabischen Welt auch keine größere Legitimation erhalten. Die Araber wollten den Staat partout nicht und nichts hätte sie davon überzeugen können. Damals gab es nicht die kommunikativen und medialen Möglichkeiten wie heute. Da wurden in der UNO eine Resolution beschlossen und dann zack, zack Fakten geschaffen. Da gab es keine langen Diskussionen in der Bevölkerung. Wir versuchen, das aus dem heutigen Kontext zu betrachten, vergessen dabei aber, dass die Zeiten damals anders waren. Wir können über die UNO-Entscheidung jetzt noch trefflich streiten, aber ich bin sicher, am Ende würden wir zu derselben Meinung kommen: Denn es ist selbstverständlich der besonderen Situation, dem Schock geschuldet, den der Holocaust weltweit ausgelöst hat. Das hat international dafür gesorgt, dass die Unterstützung für die zionistische Idee wuchs.

Lamya Kaddor: Ja, und genau da stellen sich eben auch viele die Frage, warum die Palästinenser ausbaden müssen, was die Europäer mit den Juden angerichtet haben.

MICHAEL RUBINSTEIN: Das glaube ich auch, dass bei den Palästinensern ein Aggressionspotenzial erzeugt wurde, weil sie sich ungerecht behandelt fühlten. Aber wo hätten die Juden hingehen sollen, außer in das einzige Stückchen Erde, zu dem sie historisch und religiös einen Bezug haben? Abgesehen davon hätte jede Wahl eines Territoriums Widerstand der jeweils dort lebenden Bevölkerung provoziert: Es sei denn, die Juden hätten sich die unbewohnte Antarktis ausgesucht. Wie aber die Staatsgründung in Palästina vonstatten ging, das haben die Europäer beziehungsweise die Engländer verbockt.

LAMYA KADDOR: Ich meine, Israel und Palästina zeigen sehr deutlich, dass das Recht des einen auch das Unrecht des anderen bedeuten kann. Das Unrecht, das den Palästinensern widerfahren ist – das muss man, glaube ich, durchaus als Unrecht bezeichnen –, ist eben letztlich auch das Recht der Juden, die lange genug gelitten hatten, und eben, wie du sagst, tatsächlich einen Bezug zu Palästina haben und nicht etwa zu Uganda, wie es der Alternativplan der Briten 1903 für die Errichtung einer jüdischen Heimstätte vorsah. Auch Deutschland nach dem Zweiten Weltkrieg ein Stück Land abzuzwacken, um es den Juden zu geben, wie Populisten manchmal argumentieren, wäre natürlich völlig utopisch gewesen, einmal abgesehen davon, welcher Jude hätte schon auf dem Boden leben wollen, auf dem die Schoah stattfand?

Allerdings müssen die Palästinenser erst einmal so weit kommen, das Unrecht zu vergessen. Da sind 65 Jahre vielleicht zu wenig, zumal in der Zwischenzeit immer wieder neuer Hass entstanden ist. Vielleicht lässt sich das Unrecht auch gar nicht vergessen – insbesondere wenn man dem Unrecht quasi tagtäglich ins Auge schauen muss. Möglicherweise ist es eine übermenschliche Haltung zu sagen:»Ich weiß, die da vorne sitzen zwar auf ›meinem‹ Land, aber ich verzeihe ihnen.« Es wird häufig gefragt: Würde sich die Situation im Nahen Osten bessern, wenn sich der Staat Israel offiziell bei den Palästinensern entschuldigt? Natürlich nicht dafür, dass er jetzt da ist, sondern allenfalls dafür, dass durch seine Gründung auch vielen Palästinensern Unrecht geschehen ist. Ob das besser wäre? Ich glaube schon. Es würde doch Vertrauen schaffen.

MICHAEL RUBINSTEIN: Möglicherweise könnte man aber auch umgekehrt einmal zur Kenntnis nehmen, dass 1948 kein blühender Staat bestanden hat, der von heute auf morgen einfach Israel geworden ist. Das, was heute besteht, wurde aus der Wüste in Eigenleistung geschaffen. Und was am wichtigsten ist: Dieses geschaffene Israel ist nur ein winziges Stückchen Erde: Wenn sich die Vernünftigen im gesamten Nahen Osten einmal hinsetzten und sagten:»Kommt, wir versuchen einen Masterplan«, könnte das an allem scheitern, an der Frage der Hauptstadt oder der Frage nach dem Rückkehrrecht der palästinensischen Flüchtlinge, aber nicht an der Frage des Landes. Denn wenn etwas im Nahen Osten vorhanden ist, dann Platz, Platz, um einen Staat zu bauen. Nicht nur Israel hat gezeigt, dass man aus Wüste Land machen kann, auch Dubai und die übrigen arabischen Golfemirate demonstrieren, wie das geht.

LAMYA KADDOR: Ja, möglicherweise würde das auch weiterhelfen. Jedenfalls kann niemand bei Verstand das Rad der Geschichte zurückdrehen. Ich meine, die Palästinenser verfluchen vielleicht jeden Tag die Existenz Israels, aber die meisten haben die Tatsache an sich längst akzeptiert – ungeachtet der Propaganda von Hamas und Co. Israel ist da und wird da bleiben, dafür werden schon die Weltmacht USA, die EU und andere Staaten sorgen. Keiner meiner palästinensischen Bekannten beispielsweise rechnet ernsthaft damit, dass sie irgendwann einmal wieder in die Heimatstadt ihrer Vorfahren nach Haifa ziehen und dann in einem muslimischen Land leben können. Das ist in den Köpfen angekommen. Und das ist auch gut so. Die Juden brauchen eine Heimstatt und sollten sie auch behalten. Flucht und Vertreibung sind am Ende Schicksale, die viele Menschen auf der Welt erdulden müssen. Ich denke, der Nahostkonflikt ist für die Palästinenser der heutigen Generation auch Schicksal. Was will man gegen eine Entscheidung ausrichten, die seit über 65 Jahren trotz allen Widerstands Bestand hat? Was will man realistisch dagegen tun? Gerade in Deutschland müsste man das gut nachvollziehen können. Viele mussten nach dem Zweiten Weltkrieg ihre Heimat in Ostpreußen oder Schlesien verlassen; auch wenn der Vergleich etwas hinkt, weil der Aggressor ja eindeutig Hitler-Deutschland war. Aber die Flüchtlinge und ihre Nachkommen mussten sich auch damit abfinden, dass sie ihre Ländereien nicht mehr zurückhaben können, um dann einen eigenen Staat aufzubauen.

MICHAEL RUBINSTEIN: Stimmt, denk nur an die Beneš-Dekrete, die die Ausbürgerung der Deutschen aus der damaligen Tschechoslowakei besiegelten. Bis heute wird darüber gestritten, ohne dass neue Gewalt die Debatte immer wieder neu anfachen würde wie im Nahen Osten. Oder denk an die alte Erbfeindschaft zwischen Deutschland und Frankreich. Wie lang hat das gedauert? Ich denke, erst seit unserer Generation spielt das keine Rolle mehr.

LAMYA KADDOR: Das Problem ist nur, dass die politischen Einpeitscher im Nahen Osten weder den Palästinensern gestatten wollen, sich auch offiziell mit der Gegenwart anzufreunden, noch den Israelis, das Unrecht der Vergangenheit offiziell zu bejahen. Palästinensische Politiker sagen, der Anspruch sei auch nach 70 Jahren noch da, und israelische fragen: »Was können wir dafür, wenn vor 50 Jahren meinem Großvater dieses Land zugeteilt wurde?«

MICHAEL RUBINSTEIN: Und noch verfahrener wird das Ganze, weil bestimmte Gruppen den Grundkonflikt um Land um eine religiöse Komponente erweitert und damit verkompliziert haben. Beide Seiten nutzen religiöse Argumentationen, um ihre Ansprüche zu untermauern. Für uns Juden ist Israel das Land, das Gott uns versprochen hat, es ist das biblische Israel: Und was kann es Höheres geben als das, was Gott den Juden versprochen hat? In Jerusalem stehen die Fundamente unseres Tempels. Für die Muslime ist Palästina islamisches Gebiet, das ihnen genommen wurde, was nach klassisch-islamischer Dschihad-Dogmatik nicht hinnehmbar ist. Aus muslimischer Sicht wird zudem das Argument ins Feld geführt, Jerusalem sei eine zentrale Stadt, die drittwichtigste für den Islam. Aber wenn man sich die Geschichtsbücher anschaut, spielte Jerusalem über Jahrhunderte für die muslimische Welt überhaupt keine Rolle. Ich würde sogar behaupten, die meisten Menschen wussten noch nicht einmal, wo Jerusalem überhaupt liegt. Jerusalem war nach den vielen Zerstörungen aus früherer Zeit eine Ansammlung von Schutthaufen, allenfalls ein Dorf. Heute wird so getan, als sei Jerusalem eine blühende, um alles in der Welt zu verteidigende Metropole der alten Kalifate gewesen. Dabei spielte sich das muslimische Leben seit jeher in anderen Städten ab: Damaskus, Bagdad, Kufa.

LAMYA KADDOR: Das ist zwar richtig, aber unbeschadet dessen ist Jerusalem aus theologischer Sicht schon wichtig für den Islam. Dass es die drittheiligste Stätte der Welt für Muslime ist, wird durch die historischen Gegebenheiten nicht aufgehoben. Vor Mekka markierte Jerusalem für kurze Zeit die Gebetsrichtung der Muslime. Der Prophet Muhammad hat von dort aus seine nächtliche Himmelsreise (Mi'râdsch) angetreten. Nach unserem Glauben ist sein Fußabdruck dort unter der goldenen Kuppel des Felsendoms zu sehen. Das alles ist für Muslime wichtig. Der Anspruch auf Jerusalem ist theologisch also durchaus begründet. Außerdem, was sollen wir den Palästinern sagen, die sich mit Jerusalem identifizieren, weil die Wurzeln ihrer Familien dort liegen? Abgesehen davon, Mekka war über Jahrhunderte ebenfalls nie ein politisches oder theologisches Zentrum. Deswegen kann man auch nicht hingehen und die Pilgerstadt religiös delegitimieren. Dennoch wird die religiöse Facette im Nahostkonflikt natürlich aufgebauscht. Das ist dann wiederum Politik. Die ist nicht immer rational.

MICHAEL RUBINSTEIN: Natürlich kann ich die religiöse Bedeutung Jerusalems für Muslime nachvollziehen, und es tut mir in der Seele weh, wenn ich sehe: Dort befindet sich die Klagemauer, darüber steht der Felsendom, und beide Seiten können nicht friedlich nebeneinander beten. Aber wenn man den Konflikt weniger zum Religionskonflikt stilisieren würde, ließen sich eher Lösungen finden. Über Ländereien kann man verhandeln, über Glaubenswahrheiten nicht. Selbst wenn uns das Land von Gott versprochen wurde, ich persönlich respektiere jedoch den historisch begründeten Anspruch der Muslime. Dies gilt für jene, die sagen, das Land gehört religiös zu uns, wie auch jene, die sagen, wir haben aber de facto dort gewohnt. Ich glaube, sie alle hatten und haben das Recht, auf diesem Areal zu leben. Wir müssen heute lediglich schauen, wie wir das neu organisieren.

LAMYA KADDOR: Und wir müssen vielleicht beide ein bisschen aufpassen mit guten Ratschlägen. Wir sind letztlich nur Beobachter, leben weit weg vom Geschehen im sicheren Deutschland. Hier sind die soziopolitischen Verhältnisse ganz anders als in der Levante.

MICHAEL RUBINSTEIN: Das ja, trotzdem kann man als Beobachter seine Meinung äußern. Für viele Konflikte ist es dringend erforderlich, dass mehr oder weniger Außenstehende ihre Meinung äußern. Es gibt im Tanach respektive Alten Testament die Geschichte von David und Goliath. Würdest du sagen, dass Israel der kleine David ist und die Araber eine Herde Goliaths – oder ist es eher so, dass Israel heute Goliath ist und die Araber sozusagen der kleine David?

LAMYA KADDOR: Der erste Teil des Vergleichs, das ist natürlich die Sicht vieler Israelis, stimmt definitiv nicht. Die Araber sind zu schwach und zu zerstritten, um irgendeine Größe ausmachen zu können. Die finden sich noch nicht einmal zusammen, wenn es um den Syrienkonflikt geht. Es gibt zwar durchaus ein Bedrohungsszenario für Israel – vor allem, wenn man den Iran mit einbezieht. Man darf den Israelis also die Angst nicht als unbegründet absprechen. Allerdings müsste man in Israel auch wissen, dass die Region es nicht ernsthaft mit diesem Land aufnehmen könnte. Israels hochgerüstete, hochmoderne Armee, die USA als Verbündete, da sind Ägypten, Syrien, der Iran und die anderen Staaten der Region militärisch definitiv nicht auf Augenhöhe, geschweige denn überlegen.

MICHAEL RUBINSTEIN: Sicherlich ist die israelische Armee sehr hoch gerüstet und hat die Amerikaner im Hintergrund, aber niemand weiß, was passiert, wenn die Iraner tatsächlich eine Atombombe haben sollten. Wenn du eine Atombombe abwirfst, hilft dir auch die am höchsten gerüstete Armee womöglich nicht mehr. Wenn ich nach Israel fahre, fühle ich mich zwar nicht unmittelbar bedroht, aber das Thema Sicherheit ist schon wesentlich präsenter für mich als hier. Es lässt sich dort halt nicht komplett ausblenden, dass man gegebenenfalls rasch einen Luftschutzkeller aufsuchen muss. Zudem kämpfen heute kaum noch Armeen gegeneinander. Seit Jahrzehnten gibt es im Grunde keine klassischen Kriege mehr, sondern nur noch asymmetrische Konflikte. Das hat die arabische Seite schon verstanden, und gegen Guerilla-Taktiken und diese Selbstmordattentate kann auch eine hoch gerüstete Armee so gut wie nichts ausrichten. Ich habe eine ganz andere Vision. Ich glaube, wenn Israel und die arabische Welt Frieden schließen könnten, wäre das der neue globale Goliath. Israel ist – obwohl es ja so klein ist – , was Wissenschaft, Wirtschaft, technisches Knowhow angeht, sozusagen hoch potent. In der arabischen Welt hat man demgegenüber sehr viel Platz und sehr viel Geld. Wenn man das zum gegenseitigen Nutzen zusammenführen könnte, entstünde eine neue Weltmacht.

LAMYA KADDOR: Interessanter Gedanke. Bis dahin muss aber noch viel Vertrauen wachsen, oder? Von wem stammt die Aussage: »Wir sollten diese Leute loswerden, so wie man Läuse loswird. Wir müssen dieses Krebsgeschwür stoppen, bevor es sich unter uns weiter ausbreitet?«

MICHAEL RUBINSTEIN: Das kann ich dir nicht sagen. Es klingt aber nach Nazi-Jargon.

LAMYA KADDOR: Der Satz über rund 180000 illegale, palästinensische Arbeitskräfte stammt von dem früheren IDF-General und Tourismusminister Rechawam Zeewi, Gründer der Moledet-Partei, 2001 von palästinensischen Extremisten erschossen.

MICHAEL RUBINSTEIN: Mit einer nationalistischen oder ultraorthodoxen Partei brauchst du mir nicht kommen.

LAMYA KADDOR: Es gibt auch extreme Haltungen bei Avigdor Lieberman, dem früheren Außenminister, oder bei Naftali Bennett, dem Shootingstar bei den jüngsten Parlamentswahlen. Solche Leute würden in Deutschland mit ihren Parolen direkt im Aus landen. Aber in Israel können sie in die Regierungsverantwortung aufsteigen.

MICHAEL RUBINSTEIN: Das ist der besonderen Demokratie Israels geschuldet. Die Hürden, um in die Knesset zu kommen, sind sehr, sehr niedrig. Entsprechend bunt ist das Parlament. Und wenn man in so einem politischen System eine Parlamentsmehrheit bilden muss, nimmt man sich manchmal Leute ins Boot, die man ansonsten besser nicht akzeptieren würde. Aber das Schöne in Israel ist, solche Leute kommen zwar in die Verantwortung, aber es kommt auch eine entsprechende Gegenbewegung in Gang. Israel braucht meiner Meinung nach eine starke Koalition der Mitte. Auch für Israel gilt: Ein Mensch ist ein Mensch und hat menschenwürdig behandelt zu werden, ob er nun Jude, Christ, Palästinenser, Araber oder was auch immer ist.

LAMYA KADDOR: In Israel haben wir auf der einen Seite die Partymetropole Tel Aviv mit ihren Hedonisten, auf der anderen Seite die hochreligiöse Stadt Jerusalem mit ihren ultraorthodoxen Vierteln. Du sagst selbst: Zwei Juden, drei Meinungen. Wenn man sich jetzt vorstellen würde, der Nahostkonflikt würde gelöst, es gäbe Frieden. Würde der Staat Israel dann nicht auseinanderbrechen? Stiftet der Nahostkonflikt nicht auch Identifikation? Er ist doch ein einendes Band. Was verbindet sonst den homosexuellen Mann am Strand von Tel Aviv mit dem Talmud-Schüler aus Mea Shearim, außer dass beide Juden sind und deshalb von außen bedroht werden? Räumte man diese Gefahr beiseite, würde der Staat Israel vermutlich auseinanderbrechen, weil sich alle auf die Innenpolitik konzentrieren und dort bekämpfen würden.

MICHAEL RUBINSTEIN: Die innenpolitischen Spannungen nehmen jedoch trotz des Konflikts zu. Denk an die breite sozialpolitische Protestbewegung 2011/2012. Israel ist kein Land, in dem Milch und Honig fließen. Die soziale Schere geht auseinander. Im Friedensfall müsste man sich wirklich darum bemühen, ein besseres zivilgesellschaftliches Miteinander zum Wohle des Staates Israel zu verwirklichen. Niemand müsste sich dann mehr mit voller Kraft den außenpolitischen Kämpfen stellen. Finanzielle Mittel flössen stärker in die Sozialpolitik und weniger in die Sicherheitspolitik. Wenn es dann gelänge, den Status quo der israelischen Bürger zu verbessen, dann hätten auch die Radikalen im linken und rechten Spektrum weniger Zulauf. Meiner Meinung nach sind politische Kreuzchen für die linken und nationalen Splittergruppen ein Zeichen von Frustration und Verzweiflung.

Und wenn der Eindruck entsteht, in Israel lasse sich die Politik von extremen Gruppen, seien es Siedler oder religiöse Fundamentalisten, den Weg diktieren, glaube ich, es ist inzwischen eher anders herum. Das war früher durchaus so. Ultraorthodoxe mussten nicht zum Militärdienst und wurden für ihre Thorastudien von der Allgemeinheit alimentiert. Heute gibt es aber eine offene Diskussion darüber. Es geht ein radikaler Aufschrei durch die Bevölkerung. Die Zuwanderung der vergangenen 20 Jahre hat Israel verändert. Es kamen viele säkulare Juden. Früher teilten zahlreiche Israelis die Sichtweise, dass die Ultraorthodoxen die religiösen Traditionen hochhielten und dass man diese Gruppen mit Samthandschuhen anfassen müsse, weil Israel ein jüdischer Staat sei. Aber auch hier kann ich im Gegenzug wieder fragen, warum aus der Bevölkerung der arabisch-muslimischen Welt niemand den ehemaligen iranischen Staatschef Mahmud Ahmadinedschad zurückgewiesen hat, wenn er wieder einmal von der Auslöschung Israels schwadronierte?

LAMYA KADDOR: Das liegt zum einen an der weit verbreiteten Ansicht: »Was geht uns das an? Wir haben genug eigene Probleme.« Schau doch nach Syrien. Nicht mal das interessiert die Araber wirklich – oder hörst du, dass Menschen in Kairo, Riad, Bagdad oder anderswo massenhaft für ein Ende der Gewalt auf die Straße gingen? Ich würde sogar so weit gehen und behaupten: Die Araber sehen für sich keinen Nutzen, wenn sie sich einmischen. Außerdem fragen sie sich: »Was soll das alles bringen? Wir werden von korrupten Diktatoren beherrscht, die interessiert es nicht, was das Volk denkt.« Zum andern halten natürlich viele Araber Israels Politik für ein reales Problem. Die Israelis sind demzufolge selbst schuld, dass sie solche Äußerungen provozieren. Hinzu kommt die gut laufende Propagandamaschine. Gerade Ungebildete in ländlichen Gebieten haben das Feindbild Jude oder Zionist oft internalisiert. Wenn Israel zerstört ist, denken sie, gäbe es zumindest ein Problem weniger. Grundsätzlich darf man nicht in die Falle tappen und die Gegebenheiten in Deutschland zum Maßstab nehmen, um die Gesellschaften in der arabischen Welt zu bewerten. Die meisten Araber stellen sich abends auf der Couch andere Fragen als die deutsche Oberstufenrätin.

Ich glaube, Israel ist im Moment die Projektionsfläche für alle Probleme, die die arabischen Staaten so haben. Die Schuld wird immer auf Israel abgeschoben. In Wirklichkeit hat das mit der Staatsgründung nichts zu tun, mehr damit, dass es den Staaten sowie der Arabischen Liga und den anderen Verbünden nicht gelingt, irgendwo zu einem Ergebnis zu kommen.

Wir irren uns aber, wenn wir glauben, die Bürger in der arabischen Welt zeigten keine Selbstkritik. Sie zeigen mehr, als man vermutet. Wir müssen nur die Zusammenhänge beachten. Wenn etwa ein »westlicher« Journalist danach fragt, werden die meisten erst einmal auf Israel schimpfen. Das ist so einprogrammiert.

MICHAEL RUBINSTEIN: Lass uns mal konkret auf die Palästinenser schauen.

LAMYA KADDOR: Okay, warum müssen israelische Siedlungen in Palästinensergebieten gebaut werden?

MICHAEL RUBINSTEIN: Hm, ich wollte eigentlich ... aber gut. Für mich aus der Ferne betrachtet erschließt sich die Siedlungspolitik nicht wirklich, trotz aller Sicherheitsargumente. Die Siedler selbst wollen Fakten schaffen, sodass das Land, auf dem gebaut wird, nicht mehr zurückgegeben werden muss. Sie sind überzeugt, dass das Land den Juden gehört – jeder Zentimeter davon. Die Siedler haben eine gewisse Lobby und damit politischen Einfluss in Israel, und über die schwierigen Koalitionsverhandlungen in der Knesset haben wir bereits gesprochen. Ich kann die Siedler-Philosophie zwar nachvollziehen, sie ist aber nicht die meine. Ich spreche mich für sichere Grenzen aus und sage: Wir werden eine Zweistaatenlösung brauchen. Alles andere wird nicht funktionieren. Der Siedlungsbau ist gefährlich, sowohl im Hinblick auf den Nahostkonflikt als auch im Hinblick auf den inneren Frieden in Israel. Das Thema spaltet nämlich die Gesellschaft. Aber eigentlich wollte ich dich fragen: Wenn du selbst jeden Tag mit Raketeneinschlägen in deinem Garten rechnen müsstest, würdest du dann nicht auch verlangen, dass die Militärmacht deines Landes dich schützt?

LAMYA KADDOR: Ja, klar. Dafür brauchen wir nicht meinen Garten als Beispiel zu nehmen. Für mich gilt das auch in Israel. Vor allem jemand, der nach der Staatsgründung in Israel geboren wurde, der muss das sogar einfordern: Der Staat, dem er seine Steuern zahlt, hat ihn zu schützen. Allerdings nicht nach dem Motto: Koste es, was es wolle! Niemand kann etwas dafür, in welchem Land er geboren wurde und aufgewachsen ist. Das ist so ähnlich, als würde man bei einem Deutschen, der nach 1945 geboren wurde, die Schuld am Holocaust suchen. Keinem Menschen sollten Nachteile durch die Vergangenheit erwachsen.

MICHAEL RUBINSTEIN: Immer wieder feuern Palästinenser Raketen vom Gazastreifen auf Israel oder verüben andere Gewalttaten. Warum machen sie das?

LAMYA KADDOR: Es ist schwer, sich in die Köpfe hineinzuversetzen. Vermutlich ist es ein Stück weit das Dilemma, einerseits zu wissen, dass man im Grunde genommen nicht wirklich etwas ausrichten kann, aber andererseits auch nicht nichts tun kann. Vielleicht wollen sie die Israelis nur daran erinnern, dass es sie noch gibt, bevor sie sie hinter ihren Riesenmauern vergessen.

MICHAEL RUBINSTEIN: Aber diese Raketenangriffe provozieren seit Jahren massive Gegengewalt. Bei Vergeltungsschlägen des Militärs werden Schulen, Kindergärten getroffen, es sterben unschuldige Zivilisten. Merken die denn nicht, dass sie sich ins eigene Knie schießen? Warum übt dort die Zivilbevölkerung keinen Druck auf die Leute aus, die jeden Tag zur Grenze gehen und Raketen abschießen. Mütter, Väter, Schwestern – warum halten sie ihre Jungs nicht zurück?

LAMYA KADDOR: Es sind wahrscheinlich gar nicht so wenige Familien, die sagen: »Sohn, wir wollen nicht, dass du das machst.« Allerdings musst du das vor dem Hintergrund der Aussichtslosigkeit der Situation in Gaza sehen. Die Menschen sind täglich in ihrem Fatalismus gestärkt. Sie haben alles versucht: Demonstrationen, zwei Intifada, es gab Friedensverhandlungen, sie haben sich von Säkularen führen lassen, Arafat und seine Fatah, jetzt von den Islamisten der Hamas – aber alles hat ihre Lage nicht verbessert:»Was macht es da noch aus, mit der Gefahr israelischer Vergeltungsschläge zu leben?« Ferner sind die Menschen von Rachegelüsten zerfressen. Jeder kleinste Treffer gegen Israel scheint Balsam für ihre Seelen zu sein.

Ein andere Erklärung ist, dass hinter einem Selbstmordattentäter oder einem Raketenwerfer eine militante Gruppierung steht, die sagt: Wenn du das machst, kriegst du dies oder das, beispielsweise einen Ausbildungsplatz für deinen Sohn oder Geld. Die Radikalen werden also auch mit Versprechungen gelockt und zum Kampf angetrieben. Familien von Selbstmordattentätern werden nach dem Tod finanziell versorgt. Die perverse Logik lautet: Wenn ich im Kampf sterbe, kann ich besser für das Auskommen meiner Familie sorgen, als wenn ich lebe. Im Grunde erklärt sich das Verhalten durch die Strukturen, die letztendlich dahinter stecken.

Michael Rubinstein: Ich will die israelische Armee nicht einseitig in Schutz nehmen, aber diese Gewalt kommt von beiden Seiten. Wenn die Palästinenser Raketen abschießen, nehmen sie in Kauf, dass unschuldige Menschen auf israelischer Seite umgebracht werden, um nicht zu sagen, sie legen es vermutlich genau darauf an. Ich finde, da hinkt der Vergleich, wenn man sagt: Die böse, böse Armee. Deren Gewalt ist zwar auch schlimm, aber nicht schlimmer als die andere. Jedes Opfer ist doch eines zu viel.

Lamya Kaddor: Umgekehrt kann man genauso sagen, die israelische Armee nimmt es in Kauf oder provoziert es, dass Raketen abgefeuert werden, wenn sie weiter mit relativ roher Gewalt gegen die Palästinenser vorgeht. Das ist ein Teufelskreis der Gewalt. Nur, wenn die Palästinenser mit ihren Raketen auf Israel schießen, dann landen die in der Regel in der Wüste ...

MICHAEL RUBINSTEIN: Nicht mehr! Denk an die Auseinandersetzung Ende 2012, da kamen sie bis Tel Aviv und Jerusalem. Deren Waffentechnik wird besser …

LAMYA KADDOR: … aber wenn die israelische Armee eingreift, trifft sie in der Regel immer. Man muss sich nur die Opferzahlen anschauen: Auf palästinensischer Seite gibt es nach einem Waffengang in der Regel immer deutlich mehr Opfer zu beklagen als auf israelischer Seite, oder nicht? Im Gaza-Krieg 2008/2009 gab es auf israelischer Seite 13 Tote, auf palästinensischer weit über 1000. Ist das eine »angemessene« Reaktion?

MICHAEL RUBINSTEIN: Jeder, der Menschen tötet, um zu töten, begeht für mich Unrecht. Selbst wenn man sagt, das eine ist größeres, das andere kleineres Unrecht. Es bleibt Unrecht! Aber wenn man bedenkt, wie viele Opfer es bei Selbstmordattentaten auf einen Schlag geben kann? Das mag zwar auch noch in keinem Zahlenverhältnis stehen, doch geht es wirklich um die Zahlen? Außerdem würde ich schon für die israelische Armee hoffen, dass sie nicht gezielt die Zivilbevölkerung angreift. Und da ist schon ein qualitativer Unterschied zum Raketenbeschuss durch die Palästinenser. Warum entsteht im Westjordanland oder im Gazastreifen keine Volksbewegung? Warum gehen die Leute nicht jeden Tag auf die Straße und demonstrieren?

LAMYA KADDOR: Das ist westliches Denken. Mir würde das auch als Erstes in den Sinn kommen. Zum einen gehören Demonstrationen nicht zur alltäglichen Erfahrung, unter den Diktaturen wurde so etwas im Keim erstickt. Zum andern ist der Blick in die Nachbarländer nicht gerade ermutigend. Was ist denn in Syrien, nachdem sich das Volk dort erhoben hat? Inzwischen ist die Frage durchaus berechtigt, ob es den Menschen nach einem Sturz von Staatschef Assad besser gehen wird oder ob ihr Leben vorher besser war. Das fragen sich auch die Palästinenser, bevor sie aufbegehren, und dann womöglich auch noch gegen das eigene Volk zu kämpfen haben. Bitte, nicht falsch verstehen: Ich bin kein Gegner der syrischen Revolution, Gott bewahre! Nur, diese Gedanken sind gegenwärtig im Volk.

MICHAEL RUBINSTEIN: Es muss ein radikales Umdenken geben – auf beiden Seiten.

LAMYA KADDOR: Da gebe ich dir Recht. Die Palästinenser sollten sich mehr auf sich selbst konzentrieren, statt sich weiter an Israel abzuarbeiten.

MICHAEL RUBINSTEIN: Ob die Beteiligten allerdings so schnell bereit dazu sind, ist fraglich. Da sind die verschiedenen Gesellschaftsstrukturen, die nicht so recht zusammenpassen wollen, und da ist so viel Blut geflossen, es gibt so viel Hass und Verbitterung auf beiden Seiten, dass ein kleiner Funke ausreicht, um eine Feuersbrunst auszulösen. Die meisten Menschen würden sagen: Ist doch egal, lass dich nicht provozieren. Dort drüben funktioniert das nicht. Zudem sind die Palästinenser für viele ein Faustpfand: Wenn sie Frieden mit Israel hätten, wer soll sich dann mit Israel schlagen? Die arabische Welt hat verstanden, dass sie das besser nicht tut, denn sie kann nicht gewinnen. Deshalb benutzen sie die Palästinenser als Spielball ihrer Interessen. Man spricht immer nur davon, welche Mauern Israel hochgezogen hat. Aber die Ägypter haben die Grenze zum Gazastreifen genauso radikal dicht gemacht. Sie lassen niemanden herein und schießen auf Personen, die es versuchen. Niemand will die Palästinenser, aber jeder weiß, als Mittel, um die Weltgemeinschaft dazu zu bringen, politischen Druck auf den Staat Israel ausüben, sind sie allemal gut.

LAMYA KADDOR: Ich meine, und das muss ich als syrischstämmige Araberin deutlich sagen, die Palästinenser sind den Arabern wirklich herzlich wenig wert – höflich ausgedrückt. Damit einer möglichen Repatriierung im Fall der Vernichtung Israels nichts im Weg stehe, so die offizielle Argumentation, war es im Syrien vor dem Bürgerkrieg unmöglich, dass Palästinenser die Staatsangehörigkeit erhalten können. Dadurch dürfen sie nicht wählen oder gewählt werden und nur begrenzt Immobilien besitzen. In anderen arabischen Ländern ist es ähnlich. Und wenn du dir die »Flüchtlingslager« in der arabischen Welt anschaust … warst du eigentlich mal in einem Flüchtlingslager oder generell in den Palästinensergebieten? Also wenn du dir anschauen würdest, wie die Palästinenser dort mitunter leben, das ist schon bedrückend. Doch die arabischen Regierungen tun nichts, um sie da herauszuholen. Man hält sie bewusst in diesen Verhältnissen, um der Welt das Elend zu zeigen.

MICHAEL RUBINSTEIN: Nein, ich war noch nicht in den Palästinensergebieten. Ich bin ja immer nur relativ kurz in Israel. Früher auf Ferienfreizeiten wäre meinen Eltern ein Besuch wohl kaum vermittelbar gewesen, später hatte ich, ehrlich gesagt, nicht den Drang und sicherlich auch Angst, dass etwas passieren könnte. Aber wir reden jetzt so viel über Israel, ist Israel im Alltag der Araber wirklich tagtäglich präsent?

LAMYA KADDOR: Nein, natürlich nicht. Die Araber rennen nicht permanent mit Gedanken an Israel durch die Welt. Der Konflikt ist ja ein Dauerzustand. Ich weiß nicht, wie es ist, wenn man beispielsweise in Syrien nahe den Golanhöhen lebt. Generell ist der Alltagsbezug aber kaum da – allenfalls durch das Fernsehen und die Nachrichtensendungen.

MICHAEL RUBINSTEIN: Teile deiner Familie waren an den Kriegen gegen Israel beteiligt. Wie denkst du darüber?

LAMYA KADDOR: Sie waren Kinder ihrer Zeit und als Soldaten taten sie ihre Pflicht. Aus ihrer Sicht gab es keinen Grund, sich den Waffengängen zu verweigern. Israels Staatsgründung war in ihren Augen unrechtmäßig. Heute ist diese Vergangenheit kein Thema mehr. Bei uns kursieren jedenfalls keine »Heldenepen«.

Mich würde abschließend interessieren, wie du den so genannten Arabischen Frühling einschätzt?

MICHAEL RUBINSTEIN: Ich kann im Augenblick nicht erkennen, dass die Aufstände allzu viel Positives gebracht hätten. Die Ägypter zanken sich intern, die neue Regierung macht irgendwo dort weiter, wo die alte aufgehört hat. Überall kursieren radikale Gedanken, und die vernünftigen Kräfte werden sich nur schwer durchsetzen können. Syrien versinkt derweil unter den Augen der Welt im Chaos. Ich tu mich ehrlich gesagt schwer damit. Die Früchte des Arabischen Frühlings fallen aus meiner Sicht recht karg aus. So wie die politischen Verhältnisse waren, mussten irgendwann Revolten entstehen. Wir müssen nun lernen, damit umzugehen. Es kann sich alles noch bessern. Die Hoffnung lebt weiter.

III. Die Schoah – Schmerz und Last der Vergangenheit

Nachgeboren – vorbelastet?« Nicht umsonst trägt das Buch des Präsidenten des Zentralrats der Juden in Deutschland, Dieter Graumann, exakt diesen Titel. Die Schoah ist für uns Juden allgegenwärtig. Insbesondere in Deutschland. Das liegt einerseits daran, dass es so gut wie keine jüdische Familie gibt, die die Schoah ohne den Verlust von Angehörigen überstanden hat. Andererseits ist das dunkelste Kapitel der Weltgeschichte besonders präsent im Land der Täter. Die jüngsten Berichte im Frühjahr 2013 über potenzielle Anklageerhebungen zeigen, dass ehemalige NS-Schergen weiterhin, oft unerkannt unter uns sind – oder wir unter ihnen.

Wenn man als Jude in Deutschland lebt und sich entscheidet zu bleiben, entscheidet man sich auch, mit diesem Wissen zu leben. Man kann es mehr oder weniger ausblenden, das ist eine individuelle Entscheidung, aber völlig aus den Augen verlieren kann man es nicht. Zu tief sitzt immer noch der Schmerz über das, was dem jüdischen Volk angetan wurde. Für uns sind es keine anonymen 6 Millionen ermordete Jüdinnen und Juden, sondern Menschen mit Namen und Gesichtern, Freunde und Verwandte, die uns genommen wurden. Diese Allgegenwärtigkeit bedarf nicht zwangsläufig vieler Worte. Oft ist es gerade das Schweigen, das die eigenen Beklemmungen hervorruft. Der Wunsch, mehr zu erfahren von Eltern und Großeltern, steht häufig im Gegensatz zu der Tatsache, dass diese lieber schweigen wollen, sich die Erinnerungen nicht wieder ganz herholen wollen. Und dies gilt es ebenso zu respektieren wie insbesondere den Zeitzeugen den allergrößten Respekt zu zollen, die darüber in der Öffentlichkeit sprechen.

Neben dem individuellen, subjektiven Schmerz erinnern wir uns kollektiv. Neben den Gedenkfeierlichkeiten zum Jahrestag der Befreiung des Konzentrationslagers Auschwitz und zur Reichspogromnacht haben wir mit dem Jom HaSchoah unseren eigenen innerjüdischen Gedenktag. Beide Formen der Erinnerungskultur sind wichtig und richtig. Der 27. Januar und ebenso die Reichpogromnacht am 9. November mahnen die breite nichtjüdische Öffentlichkeit in Deutschland zum Gedenken. Der Jom HaSchoah wird weltweit begangen, an diesem Tag trauern die Juden, unabhängig von ihrer Nationalität.

So wichtig Rituale sind, so sehr darf Erinnerung nicht Gefahr laufen, ritualisiert und damit inhaltsleer zu werden. Die Erinnerung an diesen Teil der deutschen Geschichte ist jedes Jahr aufs Neue eine Herausforderung. Sie wächst mit der zunehmend geringeren Zahl an Zeitzeugen, die dem Grauen ein individuelles Gesicht verleihen. Ich appelliere bei diversen Anlässen immer wieder an die Gesellschaft, dringend neue Formen der Auseinandersetzung mit der Schoah zu entwickeln, andernfalls droht das Gedenken zu einer reinen Pflichtübung zu werden, die sich im Niederlegen von Kränzen und dem Abhalten von Ansprachen erschöpft. Es reicht nicht mehr aus, nur an das große Ganze zu erinnern. Vielmehr bedarf es einer verstärkten örtlichen Aufarbeitung der Ereignisse. Man kann über die Aktion »Stolpersteine« – das sind goldene, mit einer Inschrift gravierte Pflastersteine, die vor den letzten frei gewählten Wohnhäusern der Opfer in den Gehweg eingelassen werden – unterschiedlicher Auffassung sein, aber niemand wird ernsthaft in Abrede stellen, dass der Ansatz richtig ist, der Ermordeten mit Namen zu gedenken, anstatt ausschließlich als Teil einer anonymen Masse. Die Taten wurden nicht irgendwo weit weg begangen, sie betrafen nicht irgendwelche Menschen. Sie geschahen mitten unter uns: Das ermordete Kind war Nachbar und Spielkamerad von jemandem, das alte Ehepaar wohnte nur zwei Straßen entfernt, bevor es abgeholt und ausgelöscht wurde. Erst durch die Beschäftigung mit Einzelschicksalen wird Geschichte wirklich greifbar und verständlich. Recherchen zu früheren Mitbürgern durch engagierte Menschen, Institutionen, vor allem aber durch Schüler sind daher der richtige Weg zu einer lebendigen Erinnerungskultur, die nicht nur zu ermahnen, sondern auch wachzurütteln vermag.

Die Schoah ist ein entscheidender Grund, warum das Verhältnis zwischen Nichtjuden und Juden in Deutschland bis in die Gegenwart bisweilen schwierig und nicht alltäglich ist. Es steht wie eine unsichtbare

Mauer zwischen uns. Nach wie vor gibt es ein Täter-Opfer-Muster: Man fühlt sich verpflichtet, mit jüdischen Menschen besonders vorsichtig umzugehen, weil man Angst hat, ins Fettnäpfchen zu treten. Als ich vor Jahren eine neue Stelle antrat, war der Empfangsdame durch die Personalabteilung mitgeteilt worden, es komme nun ein neuer »jüdischer« Kollege und daher solle sie bitte Wörter wie »meschugge« und ähnliche aussparen. Ist das ein Zeichen eines natürlichen Umgangs miteinander?

Das heutige jüdische Leben in Deutschland wird in erster Linie von Zuwanderern bestimmt. Nur wenige deutsche Juden, die die Schoah überlebt hatten, kamen nach dem Krieg nach Deutschland zurück. Die jüdischen Gemeinden, die sich bereits kurz nach 1945 wiedergegründet hatten, bestanden zu einem nicht unerheblichen Teil aus Osteuropäern, die sich und ihren Familien hier ein neues Leben aufbauen wollten. Sie gaben damit dem neuen Deutschland einen Vertrauensvorschuss. Ende der 1980er-Jahre gab es gerade einmal knapp 30000 Jüdinnen und Juden in den Gemeinden. Vor der NS-Diktatur waren es mehr als 500000 gewesen. Die zahlenmäßig größte Zuwanderung nach Deutschland setzte zu Beginn der neunziger Jahre ein. Juden aus den Staaten der ehemaligen Sowjetunion konnten in einem vereinfachten Verfahren einreisen, eine einmalige Chance und eine lebenserhaltende Frischzellenkur für die Jüdischen Gemeinden.

Das deutsche Judentum vor der Machtübernahme Hitlers 1933 wird zwar nicht mehr zurückkehren, doch davon, was heute existiert, hätte nach 1945 sicherlich niemand zu träumen gewagt. Genau deswegen ist es so wichtig, dass jüdisches Leben in Deutschland als ein vielfältiges wahrgenommen wird, mit Stärken und Schwächen –, aber vital und mit Zukunftsperspektiven. Es gehört nicht primär in Museen, Gedenkstätten oder auf Friedhöfe, sondern ins Leben, in den Alltag, oft unentdeckt, aber als Teil des Ganzen, als Normalität. Der Blick in die Vergangenheit, die Erinnerung und das Mahnen sind wichtige Teilaspekte, nicht mehr und nicht weniger. Es ist eine gemeinsame Aufgabe, von den Lebenden zu sprechen, ohne die Ermordeten zu vergessen. Es ist eine große Herausforderung für die heutige Generation beider Seiten, von Nicht-Juden und Juden, eine neue Kultur des Miteinanders und der gemeinsamen Erinnerung zu finden. Das wird seine Zeit brauchen.

Unser Schmerz wird womöglich niemals enden, denn es gibt Wunden, die nie komplett verheilen, die Narben bleiben spür- und sichtbar. Aber der Schmerz verändert sich von Generation zu Generation vom selbst erlebten über den mitgefühlten hin zu einem nachempfundenen und letztlich überlieferten. Dieser Schmerz erinnert uns daran, dass Dinge geschehen können, die wir niemals für möglich halten würden. Er lässt uns wachsam, aufmerksam und mahnend sein. Es ist nicht unsere Aufgabe, sich der Schuld gewahr zu werden, weil wir nicht die Schuldigen waren, jedoch ist es sehr wohl unsere Aufgabe, niemals all diejenigen Opfer zu vergessen, die die Schuldigen unmittelbar und mittelbar auf ihrem Gewissen haben. Es ist dieses Bewusstsein, das uns immer wieder in öffentlichen Alltagsdiskussionen aufhorchen lässt.

Der Weg zur Normalität führt nicht über die Einteilung in Opfer und Täter. Wir können ihn nur dann beschreiten, wenn wir ihn als gemeinsamen Weg gehen – und dabei darf es an der einen oder anderen Stelle ruhig einmal knirschen und schmerzlich zugehen.

Michael Rubinstein

LAMYA KADDOR: Wie erging es deiner Familie in der NS-Diktatur?

MICHAEL RUBINSTEIN: Die Familie meiner Mutter konnte Deutschland rechtzeitig verlassen. Es muss so um 1934 gewesen sein: Mein Großvater hielt sich damals bereits in Palästina auf. Er besuchte eine Sportveranstaltung, als ihn ein Telegramm seiner Eltern erreichte: Er solle lieber dort bleiben. In Deutschland spitzte sich die Lage für Juden weiter zu. Allzu lange hielt es ihn jedoch nicht in Palästina, später Israel. Mein Großvater war ein gebürtiger, waschechter Kölner, der seine Heimatstadt über alles liebte. Obwohl er wusste, was in Deutschland geschehen war, hat ihn die Sehnsucht nach seiner Geburtsstadt nie losgelassen. Ein deutliches Zeichen dafür, dass er unbedingt zurückkehren wollte, war, dass er nie Hebräisch gelernt hat. Mein Großvater drängte meine Großmutter, die er inzwischen kennen gelernt und geheiratet hatte, mit nach Deutschland zu gehen. 1958 nahmen sie schließlich ihre beiden Kinder, meine Mutter und meine Tante, und waren wieder da.

Väterlicherseits war das etwas anders. Die Eltern meines Vaters und er selbst, er ist Jahrgang 1936, stammen aus der Bukowina, einer deutschsprachigen Region in der Ukraine und Rumänien, früher Teil Österreich-Ungarns. Sie wurden von den Nationalsozialisten im Ghetto Czernowitz interniert - zum Abtransport in die Vernichtungslager. Mit unglaublichem Glück, sie waren schon in den Viehwaggons, kamen sie durch den Einmarsch der Roten Armee frei. Bis heute ist nicht genau geklärt, was dann mit einem Großvater passiert ist. Meine Großmutter erzählte mir, sie habe erfahren, dass er im Mai 1945 durch Wehrmachtssoldaten erschossen worden sei. Nach der Befreiung des Lagers stand meine Großmutter einem jüdischen Auschwitz-Überlebenden zur Seite, den sie kennengelernt hatte. Dieser Mann, Max Rubin, kam aus Düsseldorf und war einst nach Amsterdam geflohen. Dort wurde er von Nazis gefangen genommen und in mehrere Konzentrationslager deportiert. Ende 1945 ermöglichte er meiner Großmutter, meinem Vater und auch meinem Urgroßvater die Einreise und den Verbleib in den Niederlanden. Ein Jahr später heiratete Max Rubin meine Großmutter. Anfang der 1950er-Jahre kamen sie dann alle zusammen nach Düsseldorf.

Meine Familie hatte also mehr oder weniger Glück im Unglück. Die engsten Familienangehörigen haben bis auf meinen Großvater väterlicherseits überlebt. Schlimmer erging es der Familie meines »Patenonkels«. Das ist kein Patenonkel im eigentlichen Sinne, sondern derjenige, der einen bei der Beschneidung hält – der Sandak, wie das bei uns heißt. Dessen Frau, »Tante« Ellen, zu der wir eine enge Bindung hatten, hatte das Konzentrationslager überlebt, was an der eingebrannten Nummer an ihrem Arm zu sehen war. Ganz früher haben wir Kinder sie einmal danach gefragt, weil wir nicht wussten, was das zu bedeuten hatte. Kinder sind bekanntlich wegen ihrer Neugier offen. Ellen versuchte, uns das zu erklären. Aber selbst wir Knirpse merkten, dass ihr das schwer fiel. Wir spürten, dass es da scheinbar eine Grenze gab, die wir besser nicht überschreiten sollten. Wir haben uns die Bedeutung der Nummer dann von anderen erklären lassen. So erfuhren wir, dass sie in Auschwitz war, dass sie ein Mengele-Opfer war. Josef Mengele, der Lagerarzt von Auschwitz mit seinen schrecklichen Versuchen an Kindern und Erwachsenen, war mir bereits als Kind ein Begriff. Der Schrecken bekam für mich jetzt ein Gesicht. Wenn man um diese historischen Begebenheiten weiß, und dann steht da ein lieber Mensch aus Fleisch und Blut vor einem ... das war ein Tabu. Schwierig. Das macht einen tieftraurig, und es hörte vor allem nicht auf. Im Laufe der Jahre hat man gemerkt, je älter »Tante« Ellen wurde, desto mehr schien sie Opfer ihrer Tragödie zu werden. Das Trauma wurde immer stärker. Im Grunde kam sie nach 1945 nie mehr heraus aus dem Leid. Wie Menschen, die einem so wichtig sind, dann plötzlich soziodepressiv werden und psychosomatische Krankheiten bekommen – das ist schlimm. Auf den seelischen folgte in gewisser Weise der körperliche Verfall. Umso beeindruckender ist es, dass die Ellen ihr Leben trotzdem noch so weitergelebt hat, wie es ging.

LAMYA KADDOR: Ich frage mich, ob ich mir vorstellen könnte, selbst zu einer Familie zu gehören, deren direkte Vorfahren, zu denen man also einen besonderen Bezug hat, so behandelt worden wären. Irgendwie ist es kaum vorstellbar für mich, dass die eigene Familie systematisch verfolgt worden ist oder systematisch ermordet wurde. Da befällt einen schon Trauer, ernst gemeintes Mitleid ... Das Wort Mitleid klingt angesichts des unvorstellbaren Grauens der Schoah eigentlich viel zu klein! Dass so etwas geschehen konnte und dass man jemanden kennt, dessen Familie entsprechend behandelt, oder besser misshandelt wurde, das nimmt einen schon mit. Ich kann mir das kaum vorstellen, wie es sein muss, als Nachkömmling ausgerechnet in dem Land aufzuwachsen, wo diese Gräueltaten geschehen sind. Außerdem habe ich mich während deiner Schilderungen gefragt, wenn man die Erlebnisse von den Großeltern und Eltern erzählt bekommt, einem auch gesagt wird: Kind, du bist Jude und Teile unserer Bekannten und Verwandten sind umgebracht worden! Sei dir dessen bewusst! Ich habe mich auch gefragt, ob dieser Teil der Familiengeschichte für dich im Alltag immer präsent ist.

MICHAEL RUBINSTEIN: Die Familiengeschichte ist für mich nicht immer gegenwärtig. Das liegt zum einen daran, dass ich meine Eltern und meine Großeltern bis auf meinen leiblichen Großvater väterlicherseits alle kennen gelernt habe und heute viele Nachgeborene aus unserer Familie in Deutschland leben, überwiegend in Berlin und

Düsseldorf. Einem Großteil meiner weiteren Verwandtschaft gelang ebenfalls rechtzeitg die Flucht; ihre Nachkommen leben mittlerweile in der Welt verstreut: in Israel, Südamerika, Nordamerika. Zum anderen wurde nicht viel über diese Zeit gesprochen. Selbst in späteren Jahren hatte ich absolute Scheu, sowohl meine Großeltern als auch meine Eltern zu befragen. Man merkte einfach, dass sie nicht darüber reden wollten. Die Vorstellung, zum Beispiel Ellen auf ihre Erlebnisse im KZ anzusprechen ... das hätte ich nie gewagt. Die Sorge, durch die Fragerei schlimme Wunden aufzureißen, hielt mich ab. Wir Kinder haben das so hingenommen und respektiert. Von daher wissen wir letztlich nicht so genau, wie, wo, was und wann genau etwas geschehen ist. So geht es im Übrigen vielen Nachkommen von Juden, die die Schoah überlebt haben. Wenn meine Großeltern erzählt haben, sprachen sie immer nur von den schönen Zeiten. Die dunklen Episoden waren nie Thema in der Familie. Bei meiner Großmutter väterlicherseits kamen erst als sie schon betagt war und das Kurzzeitgedächtnis nicht mehr so gut funktionierte, ab und zu Geschichten oder besser gesagt einzelne Aussagen über damals hervor. Das meiste von dem, was sie unter der nationalsozialistischen Herrschaft erlebt hatte, musste man sich aber selbst erschließen. Beispielsweise die Zeit des Mangels und der Entbehrungen müssen ihr arg zugesetzt haben: Essen war ihr nämlich zeitlebens immer ganz, ganz wichtig. Obwohl wir Kinder schon satt waren, wurden wir weiter gestopft – und immer die Butter, an alles kam die gute Butter. Allein schon, wenn mein Vater sagte: Wäre die Oma nicht so eine starke Frau gewesen, es wäre in unserer Familie alles anders ausgegangen, begann schon das Kopfkino. Vorstellungen und Bilder von dem, was alles an Leid ertragen werden musste, setzen sich automatisch mit den biografischen Bruchstücken, die man kannte, zusammen.

LAMYA KADDOR: Deine Familie hat das Thema also so gut es geht verdrängt?

MICHAEL RUBINSTEIN: Es war einerseits ein Schutzmechanismus, dass vieles totgeschwiegen wurde. Andererseits – das ist meine Annahme – war es auch nicht immer populär, nach Deutschland, in das »Land der Täter« zurückzukommen. Der Cousin meines Vaters zum Beispiel legte sogar seinen Namen ab und gab sich einen israelischen Namen. Er kommt uns zwar in Deutschland besuchen, aber es käme für ihn nie in Frage, hier zu leben. Vielleicht hat man sich auch deswegen nicht so sehr mit dem Thema Schoah beschäftigt, um sich hier in der Gesellschaft arrangieren zu können. Die Angst, dass sich die Lage für Juden noch einmal dramatisieren könnte, die »verlorene Unschuld« ist vor allem bei meiner Mutter vorhanden. Sie ist sehr sensibel und wird hellhörig bei Nachrichten über rechtsradikale Aktivitäten. Wenn neue Zahlen über die Verbreitung des Antisemitismus in Deutschland kommen, geht das nicht einfach an ihr vorbei. Das führt durchaus zu Konflikten, weil ich dann schon mal sage: »Wenn hier alles so fürchterlich und scheußlich und für Juden unerträglich ist, warum seid ihr dann nicht nach Israel oder in ein anderes Land gegangen? Warum geht ihr nicht jetzt?« Mein Vater sagt noch heute, er könne niemals nach Auschwitz fahren. Dort würden sämtliche Dämonen der Vergangenheit wieder hochkommen. Warst du schon mal in Auschwitz? Im Grunde bin ich der Meinung: Jede deutsche Schulklasse 10 sollte nach Auschwitz fahren. Das ist vielleicht eine Forderung, die nie Realität werden kann, aber es wäre nicht verkehrt.

LAMYA KADDOR: In Auschwitz war ich noch nicht. Es hat sich nie ergeben, und das ärgert mich ein bisschen. Als Jugendliche wäre ich allein nicht auf die Idee gekommen, ein KZ zu besuchen. In der Schule wurde das in keiner Weise intendiert, und von zuhause bekam ich auch keine Anregungen.

MICHAEL RUBINSTEIN: Du hättest die Fahrt dorthin nach der Schule aber doch auch selbst organisieren können.

LAMYA KADDOR: Nach der Schule sind andere Dinge in meinen Fokus gerückt: Berufliches und Privates. In den vergangenen Jahren ist das Thema zwar wieder wichtiger für mich geworden, aber es hat sich trotzdem nicht ergeben, meist aus zeitlichen Gründen, sicherlich auch aus familiären Gründen, mit Kleinkindern ist das nicht so einfach. Klar ist nur: Wenn ich gesund bleibe, werde ich gewiss nach Auschwitz fahren.

Ich war bereits in der israelischen Schoah-Gedenkstätte Yad Vashem und habe einen gewissen Eindruck bekommen, dennoch bin ich ein Typ, der gern alles selbst sehen und erkennen will. Mir ist klar, dass mich der Besuch emotional ziemlich mitnehmen wird, doch man muss sich dieser Wahrheit allein als Mensch, als Mitmensch stellen.

Michael Rubinstein: Fühlst du eigentlich eine Verantwortung für die damalige Zeit?

Lamya Kaddor: Ich selbst? Ich glaube, da bin ich zu weit weg. Ich bin ja Neudeutsche, wenn man so will. Meine Eltern haben keine deutschen Wurzeln. Deshalb fühle ich mich nicht direkt angesprochen. Allerdings sehe ich sehr wohl die Verantwortung für den Umgang mit der Geschichte. Beispielsweise betrachte ich es als meinen Auftrag, dabei mitzuhelfen, Völkermorde und andere Verbrechen gegen die Menschlichkeit, egal wo auf der Welt zu bekämpfen. Ich stimme deinem Eingangstext zu diesem Thema voll zu: Wir alle, inklusive aller Urdeutschen, die die Gnade der späten Geburt haben, wie es Altkanzler Helmut Kohl einmal ausgedrückt hat, haben die Verantwortung, die Erinnerung aufrecht zu erhalten und dafür zu sorgen, dass diese Erinnerung wahrheitsgemäß, unverfälscht weitergetragen wird. Es muss immer deutlich sein, dass hier etwas Unvergleichbares passiert ist. Auch deshalb ist es übrigens wichtig, einmal selbst in Auschwitz zu stehen.

Michael Rubinstein: Und die Verantwortung wird nicht kleiner, weil die Zeitzeugen aus Altersgründen in den nächsten fünf, maximal zehn Jahren alle gestorben sind. Dann ist es wirklich nur noch Geschichte. Dann ist es allein an uns, die Ereignisse lebendig zu halten und mahnend Finger zu heben: »Es waren Menschen in diesem Land, die ihre Menschlichkeit verloren haben.« Hier geht es nicht darum, dass irgendjemand Schuld auf sich laden soll. Die Schuldfrage ist geklärt.

Aber erst als ich selbst Auschwitz besuchte, ist für mich die gesamte Schoah richtig greifbar geworden. Ich kannte schon andere KZ-Gedenkstätten, aber Auschwitz ist Auschwitz. Sobald du diesen zynischen Schriftzug »Arbeit macht frei« am Eingang zum ersten Mal siehst, geht das Gefühlschaos los. Wenn man darunter her geht, stockt einem der Atem, man ist wirklich fertig mit der Welt. Etwas Ähnliches hatte ich vorher noch nie erlebt. Man kann 6 Millionen umgebrachte Juden im Grund nicht fassen. Wenn man aber vor den Bergen an Schuhen steht, vor den Koffern und sieht, welche perfekte Maschinerie hinter diesem Völkermord steckte, welche Präzision, erst dann merkt man, zu was Menschen fähig sind. Was Menschen anderen Menschen antun können. Es ist halt ganz, ganz schwer, es nachzuvollziehen oder zu verstehen, warum man plötzlich als Jude nichts mehr wert war.

LAMYA KADDOR: Es gibt gewiss einen Unterschied zwischen deinem Erleben als Jude in Auschwitz und dem Erleben von Nichtjuden dort. Betroffenheit dürfte jeden, der nicht ganz stumpf ist, befallen, aber wie würdest du den Unterschied beschreiben?

MICHAEL RUBINSTEIN: Nun, bei mir spielt die Schuldfrage keine Rolle. Ich muss mich nicht fragen, wer möglicherweise in meiner Familie an den Verbrechen beteiligt gewesen ist. Zudem kommt natürlich die Traurigkeit hinzu. Es sind viele jüdische Menschen, die ich persönlich kenne, ganz unmittelbar von Auschwitz betroffen. Aber noch mal zurück zur Schuldfrage: Einerseits erklären Leute reflexartig: »Bei uns in der Familie gab es keine Täter ... wir haben geholfen.« Wenn alle, die das behaupten, die Wahrheit sprächen, müsste die Geschichte eigentlich anders verlaufen sein. Andererseits weiß ich natürlich nicht, wie es ist, mit einem Schuldgedanken in Auschwitz zu stehen oder überhaupt damit leben zu müssen. Es ist sicherlich auch nicht einfach, wenn man weiß, der Vater oder Großvater war damals möglicherweise eine führende Person oder ein überzeugter Nazi. Für Menschen, die selbst eine ganz andere politische Denkrichtung verfolgen, dürfte das immens schwierig sein, damit klarzukommen. Für meine Eltern war die Vorstellung verstörend, dass wir Kinder mit einem Nichtjuden an unsere Seite nach Hause kommen könnten: Natürlich kann dieser Mensch nichts dafür, aber wissen wir, was seine Großeltern getan haben?

LAMYA KADDOR: Wenn du heute jemanden hörst, der die Schoah leugnet, was geht da in dir vor?

MICHAEL RUBINSTEIN: Ich neige in der Regel nicht zur Aggressivität, aber da kommt in mir eine Wut hoch, die ich kaum bändigen kann. Es ist alles beweisbar. Es soll mir keiner mit Gegenargumenten kommen. Jeder weiß, dass es das gab und dass es keine Propagandaerfindung der Alliierten ist. Wenn ich einen guten Tag habe, denke ich: Lassen wir den Idioten mal, da fehlen wohl ein paar Gehirnwindungen. Aber im Prinzip habe ich dafür nicht nur kein Verständnis, sondern absolut null Toleranz. Wer sich mit dem Thema beschäftigt hat und dann leugnet, ist für mich ein Täter und ein geistiger Brandstifter.

LAMYA KADDOR: Ich wurde in meiner Kindheit und Jugend häufiger damit konfrontiert. Im Bekanntenkreis meiner arabischstämmigen Eltern hörte man Sätze wie: »Ach was, das waren nie im Leben 6 Millionen Juden, das ist alles erfunden.« Als Kind, als Heranwachsender hörst du das und denkst: »Wovon reden die? Die Juden, die Juden …« Du kriegst nur mit, es gibt ein Feindbild, irgendetwas Böses, auf das alle die Schuld schieben, damit man selbst das große Opfer sein darf. Das verstehst du zwar als junger Mensch, du kriegst schon mit, dass du in zwei Systemen, in zwei Welten lebst, aber die Zusammenhänge verstehst du nicht.

Aber glücklicherweise gibt es in meinem arabischstämmigen Umfeld nicht mehr so viele Leute, die so weit gehen und die Schoah leugnen. Hin und wieder fängt mal jemand an, um die Zahl zu feilschen: Ich sage dann: »Und wenn es wirklich nur eine statt 6 Millionen gewesen wären, wäre es dann erträglicher?«

In Syrien gibt es schon viele Menschen, die die Schoah als komplette Lüge abtun. Diese Haltung findest du nicht nur unter der ärmeren Landbevölkerung, sondern auch in den gebildeteren Schichten. In deren Augen wurde die Historie vollständig verfälscht – von den Juden selbst, aber zugleich vom »Westen«. Genaue Zahlen gibt es natürlich nicht. Wenn man böse ist, könnte man sagen, die Leugnung der

Schoah ist bei manchen Leuten in Syrien Teil ihrer arabischen Identität geworden. In gewisser Weise gehört es zum guten Umgangston, schlecht über Israel und die Juden zu reden. Offiziell befindet sich Syrien nach wie vor im Kriegszustand mit Israel. Gleichzeitig lässt sich eine Paradoxie beobachten: Denn einerseits wird die Schoah als Verschwörung und Geschichtsfälschung verkauft, andererseits unterstreichen dieselben Menschen Sätze wie: »Hitler hat das genau richtig gemacht mit den Juden.« Das zeigt den Irrsinn, der herrscht. Viele Menschen denken nicht nach, geschweige denn, dass sie selbst Bücher studieren. Sie beten bloß nach, was sie bei anderen hören, oder was ihnen die staatliche Propaganda vorgibt. Zweifel daran, wie ernst solche Aussagen im Einzelnen zu nehmen sind, sind daher schon erlaubt. Die meisten Syrer haben noch nie einen Juden wirklich näher kennen gelernt. Zugleich sind die Syrer ein offenes Volk – zumindest waren sie es vor dem Bürgerkrieg. Da haben die verschiedenen Gruppen überwiegend friedlich miteinander gelebt. Die meisten würden ihre Meinung ändern, wenn sie mal einen Juden näher kennenlernten. Solange es diese persönlichen Kontakte nicht gibt, läuft man vor die Wand, da hilft auch kein Geschichtsunterricht. Das ist frustrierend. Wenn man in Gesprächen etwa entgegnet: »Aber es gibt doch unzählige Zeitzeugen für die Schoah, die können sich nicht alle gleichzeitig dasselbe einbilden. Wie soll das funktionieren?«, heißt es: »Ihr seid alle manipuliert vom Westen.« – »Ach so, wir, die wir in einer freien Welt leben, sind die Manipulierten, und ihr, die ihr in einer Diktatur lebt, ohne freien Zugang zur Weltpresse und zu allen möglichen historischen Dokumenten, habt den Durchblick?« – »Ach, Lamya. Das wird euch in Deutschland so beigebracht. Die Wahrheit ist eine andere, glaub mir.« Mir wird davon übel! Selbst wenn mir klar ist, woher das kommt: von einer Mischung aus Wut auf die nicht immer gerecht agierenden westlichen Gesellschaften und aus der Propaganda. Ich frage mich dann: »Muss ich diese Leute jetzt bemitleiden, weil sie Opfer der Propaganda geworden sind, oder muss ich sie verachten, weil sie diese bescheuerte Propaganda aktiv weiterverbreiten?«

Bei uns in Deutschland geht es umgekehrt eher darum, die Schoah zu instrumentalisieren. Erinnere dich an den Präfekten der Glaubenskongregation im Vatikan, Erzbischof Gerhard Ludwig Müller, der sprach jüngst von »Pogromstimmung« gegen Katholiken, Bischof Walter Mixa stellte die Schoah und Abtreibungen in einen Zusammenhang, die Tierschutzorganisation PETA verglich das Leid von KZ-Häftlingen sogar mit dem von Masthennen und Erzbischof Kardinal Joachim Meisner sprach von »entarteter« Kunst, weil ihm das von Gerhard Richter gestaltete Fenster im Kölner Dom nicht gefällt. Bei solchen Vergleichen kann ich immer nur den Kopf schütteln. Ich würde da zum Teil Unüberlegtheit, fast pure Dummheit unterstellen.

MICHAEL RUBINSTEIN: Man weiß um die Wirkung solcher Zitate. Außerdem geht es darum, Aufmerksamkeit zu erregen. Ich würde ihnen nicht Dummheit unterstellen, sondern ich unterstelle ihnen Absicht. Das wird gezielt gemacht, um zu provozieren und Grenzen auszutesten. Ab und zu ist es sicherlich so, dass die Leute etwas sagen und erst nachher darüber nachdenken. Oftmals sind es aber ganz bewusste Provokationen.

LAMYA KADDOR: Ich glaube nicht einmal, dass es eine Provokation ist. Letztlich geht es ja darum, deutlich zu machen, wie schlimm oder unvorstellbar grausam etwas ist, und dann fällt einem schlicht nichts anderes ein außer der Schoah. Das meinte ich mit Unüberlegtheit und Dummheit. Damit verharmlost man natürlich die Verfolgung. Das wiederum nehmen viele in der Tat bewusst in Kauf.

MICHAEL RUBINSTEIN: Deswegen sind diese Vergleiche nicht tragbar. Masthennen auf der einen Seite und KZ-Häftlinge auf der anderen Seite – das ist unsäglich. Je öfter man das benutzt, desto mehr werden solche Vergleiche enttabuisiert. Das ist genau das, was nicht passieren darf. Solche Relativierungen sind brandgefährlich. Denn wenn der Schrecken erst sein hässliches Antlitz verliert, möchte ich nicht wissen, was dann passieren kann.

LAMYA KADDOR: Viele fragen sich, warum die Schoah ausgerechnet in Deutschland geschehen konnte, dem Land der Dichter und Denker, das so viel Wissen geschaffen hat.

MICHAEL RUBINSTEIN: Ich könnte jetzt sagen: Was wir machen, machen wir ordentlich! Wir fangen bei A an und hören bei Z auf. Aber das wäre zynisch. Sobald unsere Zufriedenheit nachlässt und der Wohlstand in Gefahr gerät, bekommen radikale Kräfte Auftrieb. Das haben wir in den 1980er- und 1990er-Jahren erlebt, als Parteien wie die DVU, die Republikaner und wie sie alle heißen, hochgekommen sind. Außerdem muss man die historischen Umstände betrachten, der verlorene Erste Weltkrieg, die gescheiterte Weimarer Republik und dann eine Person wie Hitler, die offenbar den damaligen Zeitgeist getroffen hat und mit ihren Auftritten die Massen begeistern konnte. Er schien die Sehnsucht nach festen Strukturen zu erfüllen, und das bringt insbesondere eine Diktatur mit sich. Zudem muss man uns wohl eine gewisse Autoritätshörigkeit bescheinigen, erwachsen aus der sprichwörtlichen preußischen Disziplin. Es spielt also sicherlich auch ein Mitläufertum eine Rolle, was es in diesem Land gegeben hat. Wenn ich da an Israel denke: Dort sind im Sommer 2011 mal eben 800000 von 8 Millionen Menschen gegen soziale Missstände auf die Straße gegangen, wenn wir das mal auf Deutschland hochrechnen – das würde es hier nicht geben. Ja, und dann konnte diese Maschinerie wirklich nur funktionieren, weil wir ein so perfektionistisch angelegtes Volk sind. Bei uns gilt nicht: »Kommste heut nicht, kommste morgen.« Disziplin, Ordnung – alle die deutschen Eigenschaften haben sicherlich mit dazu beigetragen.

LAMYA KADDOR: Du hast es ja zu Beginn dieses Kapitels angesprochen, aber sag mal konkret, was du vom Holocaust-Mahnmal in Berlin hältst? Im Sommer kann man Touristen beobachten, die auf den Stelen sitzen und ihr Essen auspacken, Jugendliche die darin herumturnen oder Provokateure wie der Journalist Henryk M. Broder, der für seine Fernsehsendung als Stele verkleidet davor herumgealbert hat. Wenn ich das so betrachte, bin ich mir nie ganz sicher, ob das Mahnmal wirklich eine angemessene Form der Erinnerung ist, oder letztlich nur der eigenen Gewissensberuhigung dient.

MICHAEL RUBINSTEIN: Man zuckt schon jedes Mal zusammen, wenn man sieht, wie Leute da herumsitzen oder darin herumspringen. Das

Mahnmal ist zwar durchaus beeindruckend, allerdings hätte ich es in der Form nicht gebraucht. Ich tu mich eben generell schwer mit diesen Mahnmalen. Zum einen liegt es am Zeitpunkt, an dem sie entstanden sind – nämlich viel zu spät. Die Schoah ist bald 70 Jahre (!) her. Zum andern ist mir im Vorfeld viel zu lange und viel zu viel debattiert worden.

Vielleicht sollte es statt solcher Orte des Gedenkens lieber Orte der Aufarbeitung geben. Einrichtungen mit inhaltlichen und pädagogischen Ansätzen wären für das künftige Zusammenleben unserer Gesellschaft wichtiger als ein plastisches Mahnmal. Dazu passt aber wieder, dass bei uns in Duisburg die Realisierung eines lange geplanten NS-Dokumentationszentrums aus Kostengründen und mangels Platz zunächst gestoppt wurde.

Lamya Kaddor: Was sagt du eigentlich zu Leuten, die dich fragen: Warum haben die Juden das mit sich machen lassen?

Michael Rubinstein: Die Juden waren damals durch und durch deutsch, und dass der deutsche Staat sich einmal in dieser Form gegen sie wenden könnte, war für sie völlig unvorstellbar. Zudem war das deutsche Judentum ein spezielles. Es war ein liberales, offenes Judentum. In unserer Gemeinde gibt es noch heute eine Gedenktafel für die Mitglieder, die im Ersten Weltkrieg für das deutsche Vaterland – so ist das dort formuliert – in den Krieg gezogen und gefallen sind. Viele waren absolute Patrioten. Ich kenne das von meinen eigenen Vorfahren. Der Gedanke an einen Völkermord durch die eigenen Mitbürger war für sie völlig abwegig. Niemand hätte geglaubt, dass er als Deutscher in fünfter, sechster Generation auf deutschem Boden mal in einer Gaskammer enden könnte; zumal viele nur nominell Juden waren, sonst nicht zu unterscheiden. Sie liefen nicht mit Gebetsriemen, Schläfenlocken und schwarzem Mantel durch Deutschlands Städte. Als die Juden die Gefahr dann doch realisierten, war es für viele einfach zu spät. Glaubst du, so etwas könnte sich nochmal wiederholen?

Lamya Kaddor: Geschichte wiederholt sich bekanntlich nicht. Die Schoah ist ein singuläres Verbrechen. Schon allein daraus, dass die Welt heute wesentlich transparenter und globalisierter ist, ergibt sich eine gewisse Prävention – sofern es nicht um kleine Länder geht, die niemanden interessieren. Was sich sicherlich wiederholen kann, ist, dass sich mit Hilfe der alten Mechanismen nochmal ein innergesellschaftliches Feindbild etabliert, was dann eben nicht zu denselben Konsequenzen führt. Wir könnten also durchaus dahin kommen, dass Diskriminierung schlimmer wird, als Teile der Gesellschaft sie jetzt schon wahrnehmen. Nicht unbedingt zur Vertrauensbildung beigetragen haben in diesem Zusammenhang die Vertuschungsaktionen im Fall des NSU und die Leichtgläubigkeit gegenüber Rechtsextremisten oder die subtile Ausländerfeindlichkeit, die man offenbar Teilen der deutschen Sicherheitsbehörden unterstellen muss.

MICHAEL RUBINSTEIN: Diese Feindbild-Konstruktionen lassen sich aktuell übrigens bei der Zuwanderung aus Südosteuropa beobachten. Da sind alle, die aus Rumänien und Bulgarien stammen, erstens Sinti und Roma und zweitens Diebe. In Teilen wird dieses Bild von Politikern mitgetragen. Das merkt man beispielsweise in Duisburg, wo ein Hochhaus in Bergheim bundesweit in die Schlagzeilen geriet, weil Sinti und Roma dort untergekommen sind. Ich habe eine Bekannte, die bekräftigt immer wieder: »Ja, das, was mit euch Juden passiert ist, kann sich nicht wiederholen. Gott sei Dank, gibt es euch Juden.« Sie stellt es positiv dar, dass es Juden gibt, und verurteilt die Vergangenheit. Dieselbe Person sagt in einem anderen Moment: »Ich habe Angst, bestohlen zu werden. Diese Sinti und Roma sind alle Verbrecher.«

LAMYA KADDOR: Schlimm ist, dass solche Pauschalisierungen zunehmend auf fruchtbaren Boden fallen, wenn das Wissen um die Geschichte weiter verblasst. Wenn heute von entarteter Kunst die Rede ist, glaubst du, ein Teenie könnte das noch einordnen? Vermutlich wissen die meisten nicht einmal, was die Abkürzung KZ heißt. Selbst Konzentrationslager dürfte nicht allen ein Begriff sein. Namen wie Himmler, Goebbels oder Göring werden viele jüngere Leute nicht parat haben, wenn sie nach NS-Größen gefragt würden. Junge Leute wissen erschreckend wenig von der NS-Zeit. Und große Schuld tragen daran meines Erachtens die Schulen. Mein eigener

Geschichtsunterricht zum Thema NS-Zeit war einfach nur schrecklich. Das Thema hat mich regelrecht angewidert. Nicht das Thema selbst, sondern die krampfhafte, unüberlegte Art, mit der unsere Lehrer uns über Jahre damit ununterbrochen zubetoniert haben. Immer gab es diese Schwarzweißfilme mit Leichenbergen, die durch Baggerschaufeln bewegt wurden. Es wurde einem erzählt, dass aus Menschenfett Seife und aus Häuten Lampenschirme produziert wurden. Dazwischen die Reden Hitlers. Für mich als junger Mensch war das total weit weg. In der 7., 8., 9. Klasse war mir das Ausmaß schlicht nicht bewusst. Man hat die Tragweite nicht erfassen, nicht begreifen können, dass da wirklich Menschen massenhaft und systematisch ermordet worden sind. Der Lehrer ließ diese Filme unkommentiert stehen, forderte uns lediglich auf, im Geschichtsbuch nachzulesen und die entsprechenden Hausaufgaben zu machen. Das ist so abstrakt, ohne Bezug zum echten Leben. Ich habe damals nie einen Juden gesehen oder bewusst einen jüdischen Menschen vor mir gehabt. Man kannte sie immer nur aus Büchern oder eben aus diesen Filmen. Man hat sich gefragt, was sind das bloß für Menschen, die immer Opfer gewesen sind? Und im familiären Umfeld gab es dann die gegenteilige Einschätzung – da galten die Juden oder die Israelis als Täter. Gott sei Dank gab es bei uns keinen Judenhass, meine Eltern hassen die Juden nicht, allerdings hörte ich ständig Kritik an Israel. Das passte für mich alles irgendwie nicht zusammen. Vielleicht habe ich als Schülerin auch deshalb abgeschaltet. Die Schule hatte es jedenfalls nicht vermocht, mich emotional mit diesem Thema vertraut zu machen. Und ich glaube, das trifft heute immer noch auf viele Schüler zu.

Dabei gab es zwischen den deutschstämmigen und nicht-deutschstämmigen Schülern keinen Unterschied. Es ging allen so, weil die Didaktik einfach schlecht war. In meinem Lehrerjob befasse ich mich mit dem Judentum. Es ist Teil des Unterrichtsstoffs im Religionsunterricht. Allein durch die Begegnung mit einem Menschen jüdischen Glaubens könnte man schon viel an Empathie vermitteln, die nötig ist, um die historischen Gegebenheiten der NS-Diktatur zu vermitteln. Mir ist es in meinem Unterricht zum Beispiel wichtig, dass die Schüler zumindest einmal eine Synagoge sehen und mit Juden sprechen. Deshalb bitte ich dich ja immer wieder mal, in meinen

Unterricht zu kommen. Man muss die Geschehnisse einordnen. Die Schüler müssen sich bewusst werden, dass es hier um echte Menschen geht. Sie müssen verstehen, was für eine Maschinerie dahintersteckte, dass nicht nur ein paar wenige böse Leute, sondern sehr viele an den Gräueltaten beteiligt waren und dass ein ganzes Land von dem verbrecherischen Umgang mit Juden wusste. Auch dass Großeltern und Urgroßeltern einiger Schüler womöglich selbst Nazis gewesen waren oder immer noch sind – das wurde bei uns damals ebenso wenig kommuniziert. Zudem fehlt oft der Bezug zu den Neonazis. Viele denken, »Drittes Reich«, das sei Vergangenheit. Aber Teile der Ideologie sind nach wie vor virulent. Man darf die Gräueltaten der Nationalsozialisten auch nicht allein mit Juden in Verbindung bringen. Das verführt Nicht-Juden dazu, zu denken: »Ach so, dann betrifft mich das nicht.« Die Nazis haben andere Gruppen von Menschen ebenso verfolgt.

MICHAEL RUBINSTEIN: Ich habe das Thema Schoah in der Schule übrigens genauso erlebt: Frontalunterricht, irgendwelche Filmchen, also wirklich völlig abstrakt. Im Grunde wurde es wie jedes andere Geschichtsthema abgehakt, hier kam lediglich der erhobene Zeigefinger dazu. Ich konnte meine Mitschüler verstehen, die damit nichts anfangen konnten. Aber die Pädagogik war früher einfach so – nicht nur in Deutschland. Dabei gibt es inzwischen durchaus gute Ansätze, mit Zeitzeugen beispielsweise, die in Schulen eingeladen werden. Oder ich erinnere mich an Yad Vashem, wie die Gedenkstätte ursprünglich ausgesehen hat. Das war ein komplett fensterloser, dunkler Bau mit einer komplett dunklen Ausstellung. Am Ende kam man völlig depressiv raus. Das neue Yad Vashem ist pädagogisch viel besser aufgebaut. Am Ende steht man heute da und hat einen weiten Blick über das Heilige Land. Das transportiert eine ganz andere Botschaft – eine positive Botschaft: Das jüdische Volk lebt!

IV. Gewalt und Terror im Namen der Religion

Hysterie. Das ist das Schlagwort, das die Debatten um Terrorismus, »Heiliger Krieg« und Ehrenmorde treffend einordnet. In den vergangenen 20 Jahren wurde das Thema aufgeblasen, weil es in Deutschland auf die politische Agenda gesetzt worden ist. Der Islam bedroht uns von außen und die Muslime unterwandern unsere Gesellschaft von innen. Derlei Botschaften bahnten sich ihren Weg in die Köpfe vieler beteiligter und unbeteiligter Zeitgenossen. Dass seit Jahr und Tag in der Mehrheit Muslime durch die Gewalt von radikalen Islamisten ums Leben kommen und dass auch bei militärischen Aktionen und Reaktionen »westlicher« Staaten in der islamischen Welt weit mehr Muslime als Nicht-Muslime Opfer sind, wird geflissentlich ausgeblendet. »Der« Islam wurde als neue Hauptgefahr für das Leben in der »freien Welt« auserkoren.

Zu verdanken haben wir das jenen Fanatikern, die sich Muslime genannt und sich im Namen ihrer Religion in die Luft gesprengt, mit Flugzeugen in Wolkenkratzer gestürzt haben und Sprengsätze in U-Bahnen oder Bahnhöfen explodieren ließen. Sie haben weltweit viel Leid über die Menschen im Allgemeinen und viel Leid über die Muslime im Besonderen gebracht. Ohne diese Fanatiker hätte sich das Feindbild Islam weniger vielleicht gar nicht aufgedrängt. Da die Mehrheit der Menschheit einfache Antworten auf komplizierte Fragen bevorzugt, nahm sie die Vorlage der Islamisten rasch auf.

Ohne einen fruchtbaren Boden im »Westen« hätte die Saat des Islamismus allerdings nicht aufgehen können. Und so war da zum einen die Suche nach einem Ersatzfeind, weil der Ost-West-Konflikt weggebrochen war, und zum andern bot das Thema eine breite Projektionsfläche für die Ängste der Mehrheitsbevölkerung vor dem unaufhaltsamen Wandel der ihnen seit langem bekannten Gesellschaft. Das Schimpfen auf Türken und Ausländer hatte sich außer bei den Unverbesserlichen überholt, das Schimpfen auf Muslime bot sich neu an.

Heute stört es die Mahner vor »dem« Islam nicht mehr, dass weltweit mehr als 1,5 Milliarden Muslime keine Attentate verüben und damit eine gigantische Relation zu den vielleicht einigen Tausend Tätern weltweit bilden. Für die Alarmisten spielte ebenso wenig die Frage eine Rolle, inwiefern diese schrecklichen Taten tatsächlich mit der Religion des Islam zu tun haben und inwiefern politisch-soziale Ursachen zu suchen sind. Nur weil sich Attentäter als Muslime bezeichnen, heißt das nicht, dass sie die Deutungshoheit über den Islam hätten. Außer eingefleischten Antisemiten käme auch niemand auf die Idee, die Erben von Meir Kahanes jüdischer Extremistengruppe Kach zu Autoritäten des wahren Judentums zu erklären.

»Islamkritische« Autoren und Autorinnen konnten dank dieser Hysterie zahlreiche Bücher verkaufen und das Feindbild Islam weiter festigen. Die Regale der Buchhändler waren und sind zum Teil immer noch voll mit schrecklichen Erlebnisgeschichten von zumeist Frauen, die »im Namen des Islam« unter ihrer Umwelt zu leiden hatten, und mit vermeintlichen Analysen, die die angeblichen Gefahren durch die Religion und ihre Anhänger aufzeigen. Die Leser liebten diese Werke. Sie kauften sie und machten zweitrangige Politiker wie Thilo Sarrazin zu Erfolgsautoren. Einige Journalisten und Internetaktivisten ventilierten und bekräftigten wiederum die »Gefahr« Islam.

In diesen Hype drängten selbstverständlich auch die Parteien, um sich und ihre Politik zu profilieren – und das gilt nicht nur für Rechtspopulisten und Rechtsextremisten. Die langjährige Bundesbildungsministerin Annette Schavan, damals noch Kultusministerin in Baden-Württemberg, setzte 2004 mit ihren Kabinettskollegen als erste ein Kopftuchverbot an Schulen durch. »Das Kopftuch sei weniger ein religiöses Symbol als ein Zeichen für die politische Unterdrückung im Islam«, erklärte sie bei der Vorstellung eines Gesetzentwurfs, der christliche und jüdische Symbole weiterhin zuließ. Nach und nach folgten andere Bundesländer. Spätestens jetzt bildeten muslimische Bürger auch für die Öffentlichkeit eine gesetzlich verankerte Ausnahme. Der so genannte Gesinnungstest, ebenfalls von einer früheren baden-württembergischen Landesregierung erdacht, verhehlte in der öffentlichen Darstellung schon gar nicht mehr, dass Muslime wegen ihrer Gefährlichkeit gesondert befragt werden müssten, wenn sie deutsche Staatsbürger werden wollten. Eine entsprechende Pressemitteilung der Landesregierung machte expressis verbis klar, dass dieser Test auf die 57 Staaten der Organisation der Islamischen Konferenz abziele. Burka-Verbote wurden zum Teil ohne irgendeine Veranlassung diskutiert: Roland Koch, einstiger Ministerpräsident in Hessen, versuchte das Thema in seinen Wahlkampf 2007/2008 zu setzen, obwohl zu diesem Zeitpunkt im ganzen Land keine einzige Burka-Trägerin irgendein Problem verursacht hat. 2011 wurde ins Strafgesetzbuch ein eigenständiger Straftatbestand »Zwangsheirat« aufgenommen, obwohl Juristen argumentierten, dass die bestehenden Gesetze diese Taten längst abgedeckt hätten. In all diesen Fällen ging es vor allem um Symbolpolitik. Die Wählerinnern und Wähler sollten sehen, die Politik kuscht nicht. Nach den Anschlägen von 2001 haben es der Islam und die Muslime mehr oder weniger prominent in alle Parteiprogramme der größeren deutschen Parteien geschafft. In den meisten tauchten sie vorher gar nicht auf – obwohl es nach 2001 keinen nennenswerten Zuzug von Muslimen mehr gegeben hat, der anderweitig hätte begründen können, warum sie noch ein Thema sind.

Die Gegner dieser Schwarz-Weiß-Malerei kostete es viel Mühe, die Entwicklungen in den vergangenen Jahren wieder einigermaßen einzufangen. Ganz ist es ihnen nicht gelungen. Nach wie vor scheinen Angelegenheiten immer etwas höher gehängt zu werden, sobald Muslime beteiligt sind. Auch Monate nach einer im Dezember 2012 gefundenen Rohrbombe am Bonner Hauptbahnhof gab es keine Spur zu den Tätern. Selbst der Chef des Bundesverfassungsschutzes Hans-Georg Maaßen erklärte Anfang Februar 2013, es verwundere ihn, dass bislang kein Bekenntnis zu der Tat vorliege: »Normalerweise würden die Islamisten sofort Propaganda machen.« Ungeachtet dessen wälzten die Kommentatoren und Berichterstatter in Zeitungen und im Internet den Bombenfund in eine Suhle aus Islamismusverdacht und Alarmismus: »Es hätte ein furchtbares Unglück werden können«, schrieb die Südwest-Presse Ulm. Und der Bonner General-Anzeiger: »So greifbar, so nah war die Bedrohung für die Bonner Bürger noch nie ... Und vieles deutete daraufhin, dass muslimische Extremisten einen Anschlag mit verheerender Wirkung geplant hatten ... Bonn, so scheint es, war nur knapp einer Katastrophe entgangen.«

In diesen Debatten wird immer so getan, als sei es schlimmer, von einer Bombe getötet, als bei einem Raubüberfall erschossen zu werden. Aber tot ist tot. In Deutschland sterben laut Gutachten 2007 des Sachverständigenrates zur Begutachtung der Entwicklung im Gesundheitswesen allein im Krankenhausbereich jährlich 17000 Menschen an Ärztepfusch. Allein die Rechtsterroristen des Nationalsozialistischen Untergrunds (NSU) haben zehn Menschen auf dem Gewissen. Islamisten haben dagegen in Deutschland bislang zwei Menschen ermordet: Dabei handelt es sich um den Mordanschlag auf US-Soldaten am Frankfurter Flughafen 2011. Trotz des wesentlich höheren Risikos spielt Ärztepfusch in der öffentlichen Debatte kaum eine Rolle, und von einem Rechtsterrorismus hat man bis zur Aufdeckung des NSU 2011 schon gar nichts gehört.

Die Bedrohung durch Anschläge ist ein ständiger Begleiter im 21. Jahrhundert, ebenso wie die Angst, im Straßenverkehr getötet zu werden. Das gilt für mich als Muslimin nicht anders als für Nicht-Muslime. Eine Bombe von Islamisten in einem Zug würde nicht danach fragen, wer ich bin, an was ich glaube und ob sie mich womöglich verschonen müsste. Man darf gewaltbereite Islamisten nicht aus den Augen lassen. Ich selbst gerate mit meiner Arbeit hin und wieder in ihren Fokus. Aber wir haben Sicherheitsbehörden, deren einzige Aufgabe darin besteht, Terroranschläge zu verhindern. Darauf müssen wir uns verlassen, ebenso wie auf die Arbeit der Polizei. Die Gesellschaft muss ihnen dann und wann auf die Finger schauen, denn auch Sicherheitsbehörden machen offenkundig Fehler, versuchen sich Vorteile zu verschaffen und betreiben dazu Politik.

Hysterie. Zu einem ähnlichen Ergebnis kann man bei Analysen des Phänomens »Ehrenmord« in Deutschland gelangen. Jeder Mord, der im Namen einer vermeintlichen Ehre begangen wird, wird von Medien überregional begleitet. Sonstige Morde innerhalb von Familien werden es nicht. Auch beim »Ehrenmord« ist das Verhältnis zu den Zahlen vergleichbarer Verbrechen ähnlich frappierend wie beim islamistischen Terrorismus. Es geht nicht darum, Taten totzuschweigen. Es geht darum, sie richtig einzuordnen. Auffassungen vom Islam spielen in manchen Fällen eine Rolle, aber sie sind nebensächlich. Soziologen haben längst gezeigt, dass in erster Linie soziale Kategorien wie Geschlecht, Alter, Familienstand, Bildung, Klasse oder Status ursächlich sind. Kultur, Tradition, Nationalität und Religion setzen lediglich den Rahmen – und zwar unabhängig von einzelnen Ausprägungen. Nicht zuletzt die Debatten um den Stand von Frauen in Indien nach der fürchterlich brutalen Vergewaltigung einer 23-jährigen Studentin Ende 2012, die die Tat nicht überlebte, hat weltweit in Erinnerung gerufen, dass »Ehrenmorde« und die Unterdrückung von Frauen auch außerhalb muslimischer Kontexte zu finden sind. Wer solche Überlegungen ausklammert, agiert fahrlässig. Wer Muslime allein wegen ihres Glaubens zu Tätern stilisiert, hilft weder den Opfern, noch verhindert er dadurch künftige Gewalttaten. Im Gegenteil: Pauschalisierungen richten mehr Schaden an. Sie machen potenzielle Hass-Gewalttäter erst auf eine Opfergruppe »Muslime« aufmerksam.

Es gibt im Koran und in islamischen Texten Anknüpfungspunkte für Gewalt. Der Islam lehnt Gewalt nicht vollständig ab. Er erlaubt die Anwendung unter bestimmten Regeln. Damit hat er allerdings einen entscheidenden Vorsprung: Er kanalisiert die Gewalt – anders als Religionen, die Gewalt nach außen hin ablehnen und sich folglich auch nicht mit dem Umgang damit beschäftigen. Wenn aus ihren Reihen Gewalt hervorgebracht wird, gibt es keine unmittelbaren religiösen Restriktionen. Es finden sich in jeder Religion Anknüpfungspunkte für die Legitimierung von Gewalt. Wenn sie sich nicht augenfällig erschließen, hat sich bereits ein Teil der Anhänger darum bemüht, sie herzustellen. Auf den ersten Blick mag die Lehre von Jesus Christus frei von Gewalt sein, Muslime fragen sich aber, wieso haben dann »Christen« von den Anfängen bis heute trotzdem so viel Gewalt über die Menschheit gebracht – sei es auf blutgetränkten Schlachtfeldern mit dem Schwert in der Hand oder Tausende Kilometer entfernt aus einem schicken Büro heraus durch mit Joystick gelenkten bewaffneten Drohnen? Während die theologischen Überlegungen etwa eines Bernhard von Clairvaux mit der Rechtfertigung von Gewalt im Grunde enden, hat die originäre Akzeptanz von Gewalt als Teil des irdischen Lebens im Islam zu einer frühen theologischen Kanalisierung geführt. Das heißt, die klassisch-islamischen Gelehrten bemühten sich von Anfang an, detaillierte Verhaltensregeln für das Schlachtfeld aufzustellen, um etwaigen Gewaltexzessen vorzubeugen – in dieser ausgeprägten Form ist das etwas Besonderes in der gesamten Weltgeschichte. Dass sich islamistische Terrorgruppen heute darüber hinwegsetzen, zeigt nur, wie viel sie in Wahrheit von den islamischen Quellen halten.

Gewalt rührt aus dem tiefsten Inneren des Menschen. Ideologien und Religionen lenken diese Kräfte manchmal lediglich in bestimmte Bahnen. Es ist falsch, allein den Islam oder das Christentum für Gewalt verantwortlich zu machen. Die Menschen sind das Problem.

Lamya Kaddor

MICHAEL RUBINSTEIN: Ich finde deine Darstellung etwas beschönigend, fast schon naiv. Immer wieder hört man von islamistischen Terrorakten – wie jüngst die Anschläge auf die Marathon-Veranstaltung in Boston. Jüngst wollten Salafisten hier offenbar Aktivisten der rechtspopulistischen und islamfeindlichen Bürgerbewegung Pro-NRW ermorden. Also stapelst du da nicht zu tief?

LAMYA KADDOR: Wäre ich Bundesinnenministerin, würde ich vermutlich wirklich zu tief stapeln. Aber ich muss es ins Verhältnis zu der Gesamtanzahl aller Muslime setzen – und hier ist nun mal der allergrößte Teil weitgehend friedliebend. Die Terrorbereiten bleiben eine absolute Randgruppe – auch wenn das viele nicht mehr hören können und wollen. Es gibt rein sachlich gesehen keinen Grund, warum alle wegen dieser Randgruppe und der Gefährlichkeit Einzelner innerhalb dieser Randgruppe – so muss man es wohl ausdrücken – völlig hysterisch werden. Zumal in die Bewertung solcher islamistischer Gewalttaten auch zu viele andere Ansichten hineinspielen – vor allem die verbreitete Islamfeindlichkeit. Deshalb springt die Öffentlichkeit auf islamistischen Terrorismus besonders an. Und wenn du Boston erwähnst – natürlich ist das ein schlimmer Anschlag, aber ganz ehrlich, der Amoklauf an der Sandy Hook-Grundschule mit 20 toten Kindern und acht toten Erwachsenen wiegt in meinen Augen um einiges schwerer. Und haben die Amerikaner irgendwas an der Waffenpolitik des Landes bislang verändern können? Präsident Obamas Reform der Waffengesetzgebung ist mit allen Entwürfen und Vorstößen an der

Waffenlobby gescheitert. Es passt für mich einfach nicht zusammen, wenn nun nach Boston wieder Terror-Hysterie betrieben wird. Und wenn dann in Deutschland kaum einen Tag später Vertreter der CSU reflexartig auf die Einführung der Vorratsdatenspeicherung drängen, ist das für mich ein Skandal. Hier wird eiskalt auf dem Rücken von Opfern billige und populistische Parteipolitik betrieben. Also lassen wir die Moschee im Dorf! Schluss damit, diese ganze Hysterie auf dem Rücken aller Muslime auszutragen.

MICHAEL RUBINSTEIN: Aber reicht es nicht, wenn eine Handvoll Salafisten, sagen wir mal, ein Flugzeug in ein Atomkraftwerk stürzt? So etwas Schwerwiegendes müsste man von einem Amokläufer mit Sturmgewehr in der Hand nicht erwarten.

LAMYA KADDOR: Nein, aber jetzt tu auch nicht so, als könnte jeder dahergelaufene Salafist einfach ein Flugzeug chartern und in ein Atomkraftwerk stürzen, wenn er Lust dazu hätte. Das ist unlauter. Für so einen Anschlag bedürfte es reiflicher Planung, und wir haben Sicherheitsbehörden, deren Job es ist, diese frühzeitig zu durchkreuzen. Unsere Beamten sind gut ausgebildet und bislang haben sie ihre Arbeit gut gemacht. Hundertprozentige Sicherheit kann es doch ohnehin nicht geben, selbst wenn wir noch Hunderte Gesetze zur vollkommenen Überwachung der Bürger zulassen. Sieh doch die USA. Dort wurden nach 9/11 sämtliche Sicherheitsanstrengungen massiv verstärkt und trotzdem konnte Boston nicht verhindert werden. Zugleich ärgert sich jeder, der in die USA reist, über die massiven Sicherheitsvorkehrungen. Wollen wir unsere Freiheit wirklich komplett preisgeben?

Also nochmal, lassen wir die Moschee im Dorf! Es gibt in unserem Alltag weitaus größere Risiken, als Opfer eines Terroranschlags zu enden. Stichwort: Ärztepfusch. Ich erwähnte das in meinem Eingangstext. Die Gesamtgesellschaft sollte sich nicht immer auf das Thema islamistischer Terror stürzen. Anders ist das innerhalb der Gruppe der Muslime. Islamische Theologen oder Religionslehrer sollten sich durchaus die Frage stellen, inwieweit man gerade jugendpädagogisch dagegen angehen kann, dass Einzelne die Religion so missbrauchen!

MICHAEL RUBINSTEIN: Muss man nicht trotzdem härter gegen einzelne gefährliche Individuen vorgehen?

LAMYA KADDOR: Ja, aber wie denn? Ausweisen kann man sie jedenfalls nicht, wenn sie deutsche Staatsbürger sind. Solche Vorschläge, die man immer wieder mal aus der Politik hört, sind reiner Populismus. Man kann diese Leute bestrafen, und unser Rechtsstaat hat Mittel und Wege genug, um das zu tun.

MICHAEL RUBINSTEIN: Das Gefährliche ist grundsätzlich dann gegeben, wenn Menschen das eigene Leben und das Leben nicht wertschätzen und sagen: »Ich bin bereit, mich selbst umzubringen, weil ich andere Menschen umbringen will.« Da ist es mir egal, wer das aus welcher Motivation heraus macht. In der westlichen Welt haben wir natürlich ein besonderes Problem mit solchen Einstellungen, weil es so etwas in unserer Kultur nicht gibt.

LAMYA KADDOR: Nicht mehr! Ich erinnere an die Geschichte von Samson im Alten Testament beziehungsweise Tanach. Hat er nicht mit einem Selbstmord Tausenden verfeindeten Philistern den Tod gebracht? Man muss gar nicht so weit zurückgehen: Es gab auch Selbstmordattentate durch russische Anarchisten im 19. Jahrhundert und im Zweiten Weltkrieg in Europa.

MICHAEL RUBINSTEIN: Aber das ist jetzt nicht wirklich vergleichbar mit den Selbstmordattentaten in islamischen Kulturkreisen oder auf Sri Lanka oder durch japanische Kamikazeflieger. Man darf den islamistischen Terror nicht verharmlosen. Jeder potenzielle Täter stellt eine Gefahr dar. Allerdings hast du natürlich nicht ganz Unrecht. Wir müssen hier nicht plötzlich Angst haben, dass uns jeder, der im Sommer eine dickere Jacke trägt, in die Luft jagen will. Man kann das, was in Afghanistan, Pakistan oder auch im Nahen Osten passiert, nicht eins zu eins auf Deutschland übertragen. Auch im Hinblick auf Salafisten muss man natürlich noch mal unterscheiden. Das sind nicht alle potenzielle Terroristen. Zudem ist es in Deutschland nicht verboten, extreme Ansichten zu haben. Wenn jemand Fundamentalist ist, und davon gibt es auf allen Seiten genug, muss einem das nicht gefallen, aber solange er friedlich lebt und nicht aktiv Hass gegen andere schürt, muss man das in einer Demokratie zumindest ertragen. Aber wenn dem nicht so ist, muss sie wehrhaft sein: Es ist wichtig, da nüchtern, aber mit aller Konsequenz ranzugehen und nicht durch eine gewisse Großzügigkeit ein Glutnest entstehen zu lassen.

Wer die Bedrohungslage in Israel kennt, sieht das Thema noch einmal ganz anders. Warum haben die Israelis diese riesige Mauer an der Grenze zu den Palästinensergebieten hochgezogen? Diese Frage kommt bei meinen Synagogen-Führungen öfters. Ich entgegne dann: »Wir müssen uns in folgende Lage versetzen: Wir sitzen in Duisburg im Sommer in der Eisdiele, und es kommt jemand, der definitiv zu warm angezogen ist. Hier wundern wir uns vielleicht darüber, aber schlecken gemütlich unser Eis zu Ende. In Israel gibt es dann kein Weiterschlecken mehr, denn du hat einfach die Angst, dass er als nächstes ein Knöpfchen drückt und alles in die Luft fliegt. Das ist oft genug passiert. In diesem Fall würden wir in Duisburg auch anders reagieren.« Aber was in Israel geschieht, hat mit Religion im Prinzip nichts zu tun. Da wird die Religion als Mäntelchen genommen. Es geht um Fundamentalismus, Radikalismus und um Nationalismus.

Lamya Kaddor: Das ist das entscheidende. Die islamistischen Attentäter haben nur insofern etwas mit dem Islam zu tun, als sie sich als Anhänger dieses Glaubens verstehen. Das ist die einzige Verbindung, die man herstellen kann. Ob signifikant mehr Muslime auf der Welt kriminelle Straftaten oder terroristische Attentate planen als Angehörige anderer Glaubensgemeinschaften, weiß ich nicht. Ist so etwas jemals überprüft worden? Kann man das überhaupt? Aber selbst wenn es so wäre, liegt es sicherlich an ihren sozioökonomischen Umständen. Wo leben denn Muslime, in welchen Gesellschaften, in welchen Staaten? Die meisten wohnen oder wohnten in Diktaturen oder bestenfalls verkappten Demokratien. Ausschlaggebend für so manche ideologische Verirrung sind gerade diese Umstände:

Repressalien, fehlende Gleichberechtigung und im Umkehrschluss die Bevorzugung bestimmter Bevölkerungsteile. Wie soll man in so einer Gesellschaft gesund aufwachsen können? Das ist wiederum auch etwas, das sich die meisten in einer Duisburger Eisdiele auch nicht vorstellen können.

MICHAEL RUBINSTEIN: Ich würde dazu gern die These aufstellen: Das hat auch etwas mit dem Bildungsstatus zu tun. Menschen, die einen geringen Bildungsstand haben, sind leichter manipulierbar und viel schneller davon zu überzeugen, dass sie ihrem Leben durch Radikalisierung im Glauben einen Sinn geben können. Aber das ist kein muslimisches Problem. Ich kenne Leute, die plötzlich radikal orthodoxe Juden geworden sind, die vorher mit Religion nichts zu tun hatten, und plötzlich vertreten sie ganz fanatische Ansichten. Wenn ihnen dann noch jemand verspricht: Wir werden deine Familie unterstützen, wir tun dies und das für deine Liebsten, dann sind Leute noch empfänglich für Radikalisierung. Das kann man im Sozialstaat Deutschland auch nur bedingt nachvollziehen. Deswegen finden die Terroranschläge überwiegend in anderen Regionen der Welt statt.

LAMYA KADDOR: Bildung ist sicher ein Faktor, aber auch gebildete und reiche Menschen begehen Anschläge. Das hat dann mit Perspektiv-losigkeit, sozialer Frustration und mangelnder menschlicher Bindung zu tun.

MICHAEL RUBINSTEIN: Und dennoch, warum haben sich die Attentäter vom 11. September 2001 auf den Koran berufen und nicht auf irgendeine andere Weltanschauung?

LAMYA KADDOR: Weil es das war, was sie geeint hat. Zudem wurden ihre Feindbilder von langer Hand sukzessive aufgebaut, nicht im Sinne einer großen Verschwörung, aber zumindest im Sinne einer prägenden internationalen Debatte hat sich das Feindbild Orient gegen das Feindbild Okzident oder der »Westen« gegen den Islam durchgesetzt – ich mag das Wort Westen in diesem Zusammenhang eigentlich nicht.

Islam ist eine Religion. Der Westen nicht. Was ist eigentlich »der Westen«? Kann das mal jemand definieren? Gehört Japan dazu? Egal, ich glaube, dieses Feindbilddenken hat in den vergangenen 20 Jahren dazu geführt, dass sich viele Muslime heute eher mit dem Islam identifizieren und weniger mit anderen Merkmalen. Die Attentäter vom 11. September haben relativ schnell gemerkt, dass das eben das einende Band ist. Wenn der Zusammenhang zum Beispiel Araber gegen den »Westen« gewesen wäre, dann hätten sie sich womöglich als Araber bekannt. In den 60er-, 70er-Jahren waren die Palästinenser auch in erster Linie Palästinenser und keine Muslime.

MICHAEL RUBINSTEIN: Und wenn wir in der Geschichte zurückblicken, auf die Kreuzzüge etwa, und christliche Theologen fragten: »Wie kann man denn das in Einklang bringen?«, dann wird der eine sagen, das passt, und der andere, das passt gar nicht. Es liegt eben immer daran, was die Menschen aus den Religionen machen. Grundsätzlich sollten wir uns vor der Tendenz hüten, das, was durch religiöse Fanatiker in die Welt gesetzt wurde, als Maßstab zu nehmen. Angesichts dessen, was sich Völker aus nationalistischen Gründen gegenseitig angetan haben, würde ich die These aufstellen: Das ist von den Opferzahlen und von der Brutalität her wesentlich schlimmer gewesen – allein was in Europa passiert ist!

LAMYA KADDOR: Im Grunde geht es in den ganzen Debatten hüben wie drüben nicht um Religion und auch nicht unbedingt um den Missbrauch von Religion. Das ist nur Mittel zum Zweck. Übergeordnet geht es eher darum, dass der Mensch sich gern abgrenzt, als Kollektiv übrigens, nicht als Individuum; als Individuum müsste man ja allein gegen den Strom schwimmen. Der Mensch ist ein Herdentier, fühlt sich in der Gruppe stark und grenzt dann andere als Gruppe ab. Das ist typisch menschlich. Was die jeweiligen Gruppen im Einzelnen charakterisiert, ist nebensächlich und changiert ständig – von Ort zu Ort, von Zeit zu Zeit. Und wie gesagt: Im Moment ist halt die Abgrenzung Westen – Islam am stärksten, was in 100 Jahren ist, wer weiß das schon, vielleicht China – Westen.

MICHAEL RUBINSTEIN: Wenn wir uns in diesem Gespräch auf den islamischen Raum konzentrieren wollen, muss man allerdings auch festhalten: Der Islam leidet heute unter einem gewaltigen Minderwertigkeitskomplex. Obwohl er weltweit über 1,5 Milliarden Anhänger zählt und auf dem Wege ist, bald die stärkste Religionsgemeinschaft der Welt zu werden, wird er noch immer ein wenig als »Schmuddelkind« dargestellt. Die Muslime zielen wegen des nicht gerade guten Leumunds ihres Kulturraums darauf ab, ein Zeichen zu setzen, ihr falsch verstandenes Selbstbewusstsein zu stärken, indem sie meinen: »Wir müssen es der Welt jetzt mal zeigen.«

LAMYA KADDOR: »Der Islam« solltest du in diesem Zusammenhang nicht sagen. Der Islam hat gewiss keinen Minderwertigkeitskomplex. Der Islam, wenn man ihn mal als einen einheitlichen Akteur verstehen will – was in der Realität natürlich Quatsch ist, weil es niemanden gibt, der für den Islam sprechen könnte, wir haben ja kein Oberhaupt – würde sich da eher gegenteilig verstehen: als Erweiterung oder Verbesserung der vorausgegangenen Religionen Judentum und Christentum. Wenn du Muslime sagen würdest, wäre ich ganz bei dir. Wenn ich eines mit Muslimen derzeit weltweit verbinde, ist es der Minderwertigkeitskomplex, der Sozialneid auf andere Staaten vor allem in Amerika und Europa – wohl auch zu Recht. Man hatte einst eine Hochkultur, die weit verbreitet war. Die reichte ja von Indien bis nach Afrika. Und heute ist nicht mehr viel davon übrig geblieben.

MICHAEL RUBINSTEIN: Ich denke, wir sind uns durchaus einig, dass die eigentliche Rolle von Religion relativiert werden muss, wenn es um die Hintergründe islamistischen Terrors geht. Aber wir müssen trotzdem auch auf den Koran schauen. Wenn wir ihn aufschlagen, finden wir eine ganze Menge Verse, die Gewalt benennen und womöglich auch zu Gewalt aufrufen, zumindest kann man sie offenbar so verstehen. Muss man dann nicht schon zu der Erkenntnis kommen, dass der Koran den Missbrauch von Religion zumindest begünstigt?

LAMYA KADDOR: Man muss erneut betonen, dass besagte Koranverse von der absoluten Minderheit der Muslime als Aufruf zur Gewalt verstanden werden. Im Grund ist schon deine Frage nicht berechtigt, wenn ich das mal so sagen darf. Sie suggeriert, dass die Muslime ein Problem mit der Auslegung ihrer Schrift haben. Doch die meisten Muslime verfolgen nicht irgendwelche Juden, weil es in Sure 9, Vers 5 – dem so genannten »Schwertvers« – heißt, »dann tötet die Heiden, wo (immer) ihr sie findet.« Die meisten Muslime haben begriffen, dass der Koran zwar Gottes Wort ist, der Wortlaut aber nicht in jeder x-beliebigen Situation heute eins zu eins anwendbar ist. Die Verse, die sich auf konkrete Zusammenhänge im Diesseits beziehen, sind kontextgebunden. Man kann sie nur historisch verstehen, so wie es fast alle Muslime seit Jahrhunderten bewusst oder unbewusst tun. Aber nein, einige Zeitgenossen tun so, als sei eine Minderheit von gewaltbereiten Extremisten die eigentliche Referenzgruppe, um den Islam zu beschreiben. Ist das nicht seltsam? Eine paar Leute – und seien es weltweit mehrere tausend Fanatiker – werden als Repräsentanten für 1,5 Milliarden Menschen gesehen. Da muss man stutzig werden.

MICHAEL RUBINSTEIN: Aber der Eindruck, auf dem die Frage basiert, ist, dass wir da ein elementares Problem haben, dass sich die Mehrheit der Muslime nicht dagegen ausspricht. Ob sie das muss? Wir sprachen doch schon darüber. Müssen muss man vielleicht nicht. Ich kenne das ja selbst, dass wir Juden in einen Verteidigungsreflex gedrängt werden. Ich rede diesmal allerdings nicht von einzelnen Bürgern, sondern von den islamischen Verbänden. Es würde ihnen zumindest nicht schaden, sich hier klar und deutlich von diesem Terror zu distanzieren. Wenn ein Bundespräsident sagt: »Der Islam gehört zu Deutschland«, und die Muslime freuen sich darüber und antworten: »Ja, endlich sagt es mal einer«, dann finde ich, wäre es auch mal angebracht, nach außen zu erklären: »Wir lösen unsere Probleme auf friedliche Art. Wir diskutieren unsere Angelegenheiten offen aus, wie man es in diesem Land inzwischen gewohnt ist.« Solange die Öffentlichkeit das nicht laut und deutlich hört – und ich rede nicht von mir, ich kann da differenzieren –, werden einige Menschen weiter Probleme sehen. Die Menschen auf der Straße sehen nur die Terroranschläge und hören die deutsche muslimische Stimme dazu nicht. Das spüre ich.

LAMYA KADDOR: Ich gebe dir insofern Recht, als es den Muslimen nicht gelingt, das öffentlichkeitswirksam darzustellen. Allerdings veröffentlichen sie durchaus immer wieder deutliche Stellungnahmen auf ihren Homepages und über andere mediale Kanäle. Es kommt in der breiten Bevölkerung jedoch nicht an. Die Boulevard-Presse meldet solche Stellungnahmen kaum oder gar nicht. In seriösen Medien tauchen sie zwar eher auf, dann sind es aber oft nur kleine Randmeldungen. Dem gegenüber stehen große Aufmacher-Berichte, wenn es um Gewalt und Terror im Namen des Islam geht. Das sind übrigens nicht bloß meine Beobachtungen, sondern das kann man in diversen wissenschaftlichen Studien nachlesen.

Ich glaube, der Islam hat ein Image-Problem und zugleich ein PR-Problem. Betreffend PR sind Muslime eine Katastrophe. Verbandsvertreter meinen, es sei eine Geldfrage, dass man keine größeren PR-Kampagnen fahren könne. Das möchte ich zumindest teilweise infrage stellen. Wenn man Millionen für Moscheebauten ausgeben kann, was absolut legitim und notwendig ist, könnte man vielleicht zwischendurch auch eine Million für andere Zwecke ausgeben.

Nun mal eine private Frage: Hast du schon einmal jemanden geohrfeigt oder verprügelt?

MICHAEL RUBINSTEIN: Ich habe mich mal mit meinem Zwillingsbruder geprügelt, aber ich habe als erwachsener Mensch noch nie einen anderen Erwachsenen körperlich angegriffen. Vielleicht würde ich das manchmal gern tun, aber Gewalt ist für mich Ausdruck der eigenen Hilflosigkeit. Wenn ich mich mit Worten nicht mehr wehren kann und zuschlage, dann begebe ich mich auf ein Niveau, das ich nicht mehr akzeptieren kann. Allerdings würde ich mich im Fall eines tätlichen Angriffs schon wehren. Ich gehöre nicht in die Kategorie »Opferlamm«. Du doch bestimmt ebenso wenig? Denk an manche Rechtspopulisten, die mit üblen Beleidigungen über Muslime herziehen, wo sie nur können. Ist es nicht nachvollziehbar, wenn da einige Muslime sagen: Komm, dem zeigen wir es jetzt mal!

LAMYA KADDOR: Nein. Es ist für mich nicht nachvollziehbar. Aus der Niedrigkeit unserer Seele heraus wäre es vielleicht nachvollziehbar, solchen Typen die Pest an den Hals zu wünschen. Der menschliche Verstand aber muss einen davon abhalten, das Leben von politischen Gegnern zu gefährden. Wenn so einer gegen Gesetze verstößt, sollte sein Tun möglichst unterbunden und er bestraft werden. Aber nehmen wir die Morde der NSU-Terrorzelle, der Vergleich liegt vielleicht näher: Wenn mein Bruder umgebracht worden wäre, weil er zufällig Mohammed heißt und syrischen Ursprungs ist, selbst dann würde ich die Täter nicht töten wollen, jedenfalls nicht aktiv. Ich würde mir vielleicht wünschen, sie wären tot. Ich würde fordern, sie knallhart zu bestrafen, aber letztendlich weiß ich, alles, was ich täte, brächte mir meinen Bruder niemals zurück …

MICHAEL RUBINSTEIN: Und was sagst du dazu, wenn ein aggressiver Prediger wie Terry Jones den Koran verbrennen will?

LAMYA KADDOR: Der Koran ist immer noch »nur ein Buch«. Natürlich enthält er das göttliche Wort, aber durch eine Ausgabe, die verbrannt wird, wird dieses nicht ausgelöscht. Es ist überzogen, deswegen auf die Straße zu rennen. Aus der besonderen Situation junger Afghanen zum Beispiel mag das anders sein. Die warten nur auf irgendeinen Anlass, um ihrer angestauten Wut Raum zu geben. Wie steht das Judentum eigentlich zum Thema Gewalt?

MICHAEL RUBINSTEIN: Das Judentum lehnt Gewalt ebenfalls nicht grundlegend ab. Aber Gewalt ist nur dann ein Mittel zum Zweck, wenn es nicht anders geht. Grundsätzlich ist das Judentum eine friedliche Religion – genau wie der Islam und das Christentum. Der berühmte Satz, der bei uns geschrieben steht: »Auge um Auge, Zahn um Zahn« wird gern als Gegenargument zitiert. Doch er gibt niemandem die Erlaubnis zuzuschlagen. Der Satz wird immer falsch verstanden. Er besagt letztlich nur, wir sollen nicht anderen etwas antun, das wir selbst nicht angetan bekommen möchten. Das ist der Sinn, der dahinter steht. Dennoch haben wir Juden in unserer Vergangenheit Kriege geführt. Die religiöse Legitimierung ist selbstverständlich auch eine Interpretationsfrage. Und da ist es so interpretiert worden, dass wir das Recht haben, unsere Interessen gegenüber anderen Völkern durchzusetzen – weil wir ja dem Glauben nach Gottes Volk sind.

LAMYA KADDOR: Aber wenn man ins Alte Testament beziehungsweise in den Tanach schaut, gibt es viele tausend Menschen, die umgebracht werden: die Flucht aus Ägypten beispielsweise, bei der die Soldaten des Pharao im Roten Meer ertrinken, die Sintflut, Sodom und Gomorrha, das vom Feuer zerstört wurde, der bereits erwähnte Samson – man könnte zu Recht sagen, es strotzt nur so vor Gewalttaten.

MICHAEL RUBINSTEIN: Das war nicht das jüdische Volk, das dies alles getan hat. Sodom und Gomorrha wurden einer Strafe Gottes unterzogen. Und dass sich das Meer beim Auszug aus Ägypten gespalten und nach dem Durchzug des jüdischen Volkes wieder geschlossen hat, sodass die Wassermassen die Ägypter regelrecht verschlangen, ist ebenso von Gott selbst bewirkt worden. Das geschah allerdings nicht einfach so, sondern es gab Vorwarnungen, in Ägypten bekanntlich die zehn Plagen. Man hätte das eigene Verhalten ändern können. Das ist die Philosophie des Judentums: Wir sind für unsere Taten selbst verantwortlich. Wir können einmal im Jahr Buße tun, nämlich am Jom Kippur, dem Versöhnungstag, dem höchsten jüdischen Feiertag, und zurückkehren.

LAMYA KADDOR: Aber färbt das nicht auf die Menschen ab, wenn sie einem Gott folgen, der solche Taten begeht? Und kann man nicht sagen, dass das Judentum die Gewalt im Namen des abrahamitischen Gottes etabliert hat? Ich denke an die Zeloten und ihre Abspaltungen. Im Grunde sind das die ersten gewaltbereiten Eiferer, von denen wir wissen, dass sie im Namen des monotheistischen Gottes Morde begangen haben.

MICHAEL RUBINSTEIN: Wenn man den jüdischen Gott richtig versteht, dann eigentlich nicht, denn wir sind nicht Gott und wir haben nicht das Recht, das zu tun, was Gott getan hat. Das ist der Unterschied. Ich habe nicht gesagt, dass wir in der Vergangenheit immer nur friedlich miteinander gelebt haben, nein, das wäre eine

Geschichtsklitterung. Krieg ging auch vom jüdischen Volk aus, Gewalt wurde auch im Namen der jüdischen Religion angewandt. Das Recht, das sich manche Menschen im Namen ihrer Religion, im Namen ihres Gottes herausnehmen, muss nicht zwangsläufig dem entsprechen, was Gott uns eigentlich mit auf dem Weg gegeben hat. Natürlich hat auch das jüdische Volk nationalistische Interessen verfolgt …

LAMYA KADDOR: Und das nicht nur, wenn man tief in die Vergangenheit schaut. Jede Religion hat ihre Gewaltfanatiker – selbst im vermeintlich völlig gewaltlosen Buddhismus gibt es Extremisten. Ich erinnere nur an die aktuellen Übergriffe von Buddhisten auf die Rohingya, Muslime in Myanmar, dem früheren Birma. Oder ich erinnere, um beim Judentum zu bleiben, an den Attentäter Baruch Goldstein, der 1994 fast 30 betende Muslime in Hebron tötete, oder an Ultraorthodoxe, die in Mea Shearim, einem Stadtteil in Jerusalem, Leute attackieren, die ihre Auslegung der Schriften nicht einhalten …

MICHAEL RUBINSTEIN: Das hat für mich mit Judentum nichts zu tun, gar nichts …

LAMYA KADDOR: Siehst du, man kann den Spieß leicht umdrehen. Kann es eigentlich sein, dass die Gewalt, die von Juden ausgeht, auch mit dem Wunsch zu tun hat, nie wieder Opfer sein zu wollen?

MICHAEL RUBINSTEIN: Die Geschichte hat gezeigt, dass wir Opfer waren, und wir wissen, wie schnell das gehen kann. Selbstverständlich werden wir alles daran setzen, künftig nicht mehr Opfer zu sein, und durch eine solche Haltung entwickelt man natürlich auch ein anderes Selbstverständnis.

LAMYA KADDOR: Es mag sein, dass heute signifikant mehr Bluttaten im Namen des Islam begangen werden – obwohl diese Einschätzung auch erst einmal belegt werden müsste, denn die Medien beobachten sicherlich weniger exakt, welche Gewalttaten tagtäglich in Südamerika oder Schwarzafrika begangen werden –, dennoch darf man bei der Ursachenforschung nicht nur die Religion berücksichtigen, sondern muss die geschilderten sozialen und politischen Umstände einbeziehen. Und da hebt sich die islamische Welt schon deutlich von der christlichen ab. Vielleicht muss man am Ende einfach festhalten, dass jede religiöse Schrift sowohl allegorische als auch historische Bezüge hat. Was die historischen Bezüge betrifft, können wir immer nur retrospektiv beurteilen und verurteilen, also ausgehend von unserem heutigen Wissensstand, der dem damaligen nicht entspricht.

Michael Rubinstein: Ist das Christentum dann vielleicht die friedlichere Religion? Zumindest heute in unserem Teil der Welt scheint es so. Blickt man auf die Kreuzzüge, den Antisemitismus im Mittelalter und anderes, dann wissen wir, auch das Christentum kann ein anderes Gesicht aufsetzen. Die Grundfrage ist jedoch: Was ist Gewalt? Nehmen wir einmal den starken Missionsgedanken des Christentums, der wird zwar in der Regel heute gewaltfrei umgesetzt, trotzdem ist es kein freundlicher Akt. In der Wirtschaft würde man von einer feindlichen Übernahme sprechen.

Lamya Kaddor: Anhänger des Christentums sind gewiss nicht per se friedlicher – das gilt übrigens auch für heute; man muss nicht auf die Kreuzzüge rekurrieren: Schau dir die Hetze an, die vermeintliche Katholiken auf dem inzwischen abgeschalteten Internetportal »kreuz.net« betrieben haben. Schau dir manche evangelikale Strömungen in den USA an. Dort reicht das Spektrum von der Befürwortung der Todesstrafe bis zum Aufruf zur Ermordung von Abtreibungsärzten. Und wenn der frühere US-Präsident George W. Bush zum Irakkrieg bläst und sich dabei geradezu christlich berufen fühlt, dann hat das mit dem eigentlichen Christentum nichts zu tun, aber auch nichts mit Friedfertigkeit.

Michael Rubinstein: Sätze, die mit den Worten beginnen: »Der Islam sagt …«, »Das Judentum sagt …«, »Das Christentum sagt …« sind im Grund völliger Unsinn. Trotz Papst, der zumindest für das katholische Christentum sprechen kann, geht es letztlich bei allen immer darum, was die Menschen aus den theologischen Quellen schöpfen. 50 Prozent von dem, was in den religiösen Texten des Judentums geschrieben steht, kann man ohne Erklärung nicht verstehen und muss heute in einen modernen Kontext gesetzt werden. Das ist nicht nur das Thema Gewalt, sondern auch, wenn von einer »roten Kuh« die Rede ist. Der Herrschaftsanspruch der eigenen Religion funktioniert nur, wenn man Geistliche hat, die einem die Texte vernünftig interpretieren. Gerät man an Radikale, steigt die Gefahr der eigenen Radikalisierung. Wenn etwa in Jerusalem Frauen, die nicht ordentlich gekleidet sind, mit Steinen beworfen werden, ist das für mich blinder Fanatismus. Das ist so weit weg von mir, das kann ich gar nicht nachvollziehen. Als Jude soll man seine jüdischen Mitmenschen ehren. Man kann allenfalls etwas sagen oder sich wegdrehen, wenn einem das Verhalten eines anderen nicht passt. Genauso wenig hat es meines Erachtens etwas mit jüdischer Religion zu tun, wenn Ultraorthodoxe am Schabbat Steine auf vorbeifahrende Autos werfen, weil sie den Einsatz von Maschinen für Arbeit halten, was bekanntlich am Schabbat verboten ist. Ich sage dann immer süffisant: Die Stelle in der Thora sollen sie mir zeigen, in der steht: Du darfst auf andere Juden Steine werfen, weil sie den Schabbat nicht halten. 2012 ging ein Aufschrei durch Israel, als das Thema mit den nach Frauen und Männern getrennten Bussen aufgekommen ist. Darüber war ich sehr froh! Man darf diesen Radikalen nicht zu viel Raum lassen: Ein Gesellschaftssystem kann nur funktionieren, wenn alle miteinander einen Weg finden. Da muss jeder Abstriche machen.

Wenn es um eine fundamentalistische Auslegung von theologischen Schriften geht, gibt es gewisse Überschneidungen von islamischen und jüdischen Extremisten. Aber mit Blick auf Ableitung und Anwendung von Gewalt würde ich einen solchen Vergleich ablehnen. Außerdem erleben wir da eine völlig andere Dimension von Gewalt. Vielleicht bin ich ein zu aufgeklärter Mensch, aber wenn jemand sein eigenes Leben für so nichtig hält, dass er sagt, er bringt sich selbst um, um so andere zu überzeugen und dafür auch noch eine Art Heiligenstand verliehen zu bekommen, kann ich das nicht nachvollziehen, schon gar nicht im Namen der Religion. Der gewaltbereite Islamismus hat für mich noch eine andere Qualität: Es ist ein Unterschied, ob man als Volk gegen ein anderes Volk kämpft, oder ob einzelne andere Menschen terrorisieren. Das widerstrebt mir als jüdischem Menschen zutiefst. Auch wenn ich damit nicht unbedingt sagen will, dass das eine besser als das andere ist. Im Krieg kämpft man offen gegeneinander. Hier kommen zwar auch

Unbeteiligte zu Schaden, doch es ist etwas anderes, wenn ein Angriff wie am 11. September nur darauf abzielt, eine nicht direkt kämpfende Zivilbevölkerung aus heiterem Himmel zu ermorden.

LAMYA KADDOR: Sehe ich auch so. Gemeinsam ist beiden, dass sie sich die Religion zunutze machen, um ihre Ideologien zu verbreiten. Was die Frage nach tatsächlicher Aggression betrifft, sind gewaltbereite Islamisten schon schlimmer.

MICHAEL RUBINSTEIN: Lass uns zum Schluss noch einmal das Thema wechseln. Stichwort »Ehrenmord und Islam«. Wie verknüpfst du das?

LAMYA KADDOR: Ehrenmord und Islam haben im eigentlichen Sinn nichts miteinander zu tun. »Ehren«-Morde werden von Hindus und anderen verübt, und ja, auch von Muslimen, in Deutschland sogar überwiegend von Menschen, die sich zur islamischen Religion bekennen. Und was besagt das über die Motive? Nichts. Die meisten »Ehren«-Mörder berufen sich gar nicht auf den Islam, sondern auf gesellschaftliche Vorstellungen von verletzter Ehre oder verletztem Stolz durch irgendein weibliches Familienmitglied. Keiner von denen sagt: »In Sure sowieso steht, dass ich das tun soll.« Es ist ein subtiler Gedanke, dass der Koran einen »Ehren«-Mord decken würde.

Das Gefühl, dass Ehrenmord und Islam zusammenhängt, rührt wohl daher, weil die überwiegende Zahl der Täter sich eben auch zum Islam bekennt und einem Teil der Öffentlichkeit diese Beobachtung offenbar ausreicht, um daraus einen Kausalzusammenhang zu erschließen. Was soll ich dazu sagen? Die wenigsten Menschen machen sich die Mühe, diese Dinge ernsthaft zu hinterfragen. Und einige Politiker und andere Akteure nutzen das aus, weil Feindseligkeit gegenüber Muslimen zu ihrer Ideologie passt.

MICHAEL RUBINSTEIN: In einigen jüdischen Kreisen lassen sich die Grundstrukturen, die zu solchen Verbrechen führen können, genauso beobachten. Ein rigides Ehrverständnis und strenge Moralvorstellungen gibt es auch im Judentum. Mann und Frau dürfen sich vor der Ehe nicht begegnen. Es wird nicht gern gesehen, wenn man einen nichtjüdischen Partner auswählt. Bei Frauen wird das noch enger gesehen, weil durch sie das Judentum an die nächste Generation vererbt wird – matriarchalistisch. Allerdings ist gerade auch in tief religiös oder nationalistisch geprägten jüdischen Familien der Ehrenmord absolut verpönt. Im schlimmsten Fall werden die Personen »lediglich« verstoßen. Manche Menschen brechen von selbst aus diesem geschlossenen Umfeld aus und kappen damit in der Regel alle familiären Bande.

V. Antisemitismus und Islamfeindlichkeit in Deutschland

Quizfrage: Wie viele Jüdinnen und Juden leben in Deutschland? Die meisten Antworten, die auf diese Frage kommen, weichen von der Realität in erheblichem Umfang ab. Eine Million ist eine häufig genannte Größe, die mitunter auch einmal nach oben abweichen kann. Auf jeden Fall werden in der Regel mehr genannt, als tatsächlich in den offiziellen Statistiken stehen. Die insgesamt 250000 dort verzeichneten Juden machen bei 80 Millionen Einwohnern in Deutschland also gerade einmal 0,3 Prozent aus.

Viele Menschen behaupten, sie kennen keinen Juden persönlich. Das ist bei diesem Anteil an der Gesamtbevölkerung durchaus nachvollziehbar. Vielleicht kennt man doch den Einen oder die Andere, ohne es zu wissen, denn säkulare Juden erkennt man auf der Straße nicht: kein Kopftuch bei den Frauen, keine Schläfenlocken und Bärte bei den Männern. Dennoch gibt es Vorbehalte gegen Juden und Antisemitismus in Deutschland, den Umfragen zufolge in nicht unerheblichem Maße. Da stimmt wohl der Ausspruch: Der Antisemit braucht keinen Juden für die Tradierung seiner Vorurteile.

Es würde an dieser Stelle zu weit führen, den Gründen für Antisemitismus nachzugehen. Fakt ist aber, dass antijüdische Ressentiments bis hin zum eindeutigen Antisemitismus heute wieder gesellschaftsfähig geworden und auch in den Bildungseliten unseres Landes angekommen sind. Zynisch könnte man behaupten, dies sei gar nicht so schlecht, denn endlich werden die Masken fallen gelassen. Da weiß man wenigstens, woran man ist. Das ist selbstverständlich ein Trugschluss. Hinzu kommt, dass sich Antisemitismus wie auch Islamfeindlichkeit in erster Linie fernab der breiten öffentlichen Wahrnehmung abspielen. Es ist oft der Alltagsrassismus, den man zu spüren bekommt. So konnte eine muslimische Bekannte erst dann problemlos eine Wohnung mieten, als sie nach ihrer Hochzeit keinen türkischen Nachnamen mehr trug. Der Vermieter wollte eben keine »Ausländer« im Haus haben. Sicherlich kein Einzelfall und deshalb umso erschreckender.

Ein Beispiel aus meinem Oberbürgermeisterwahlkampf 2012 in Duisburg: In einer Podiumsdiskussion wurde vom Chefredakteur des lokalen Rundfunksenders ausgerechnet und ausschließlich der jüdische Kandidat gefragt, wie er denn seinen Wahlkampf finanzieren würde. Die Frage an sich ist durchaus legitim, und gerade deswegen hinterlässt es bei mir einen bitteren Nachgeschmack, dass sie nicht allen 13 Kandidaten gestellt wurde oder zumindest all jenen, hinter denen keine große Partei stand. Man mag das als Überempfindlichkeit interpretieren, aber es ist trotzdem ein Paradebeispiel dafür, wie weit wir noch von der Normalität entfernt sind, sobald ein Jude öffentlich in Erscheinung tritt. Ob von »dem jüdische Oberbürgermeisterkandidaten« oder dem »türkischen Steuerhinterzieher« gesprochen wird – die Religion oder die Staatsangehörigkeit hat in diesem Zusammenhang keinen Informationsgehalt. Bei solchen Kleinigkeiten fängt es an und reicht dann bis hin zu besonders drastischen Aussprüchen wie dem des Bürgermeisters von Korschenbroich, Wilderich Freiherr von Mirbach Graf von Spee (CDU), der 1986 in einer Ratssitzung meinte, um die Haushaltsprobleme der Stadt zu lösen, müsse man halt »ein paar reiche Juden erschlagen«.

Wenn ich als Geschäftsführer der Jüdischen Gemeinde Duisburg-Mülheim-Ruhr-Oberhausen danach gefragt werde (was des Öfteren vorkommt), ob wir hier Probleme mit Antisemitismus haben, antworte ich überzeugt: Uns tritt er nicht offen gegenüber, aber wir dürfen nicht so naiv sein zu glauben, es gäbe ihn nicht. Und leider fanden wir in unserer Duisburger Synagoge erst vor kurzem einen Beweis dafür: Krakelig eingeritzt in eine unserer Holzbänke stand da: »Türkiye – Scheiß-Juden«. Zwei Schulklassen waren kurz vorher zu Besuch gewesen. Unterzeichnet war der Schriftzug mit »GFB 1907« – Genç Fenerbahçeliler, ein Fanclub des altehrwürdigen türkischen Süper Lig-Clubs Fenerbahçe aus Istanbul, wie ich mittlerweile erfahren habe. Ich sprach mit Lamya darüber, die bei einem Besuch bei mir ein Foto davon machte und dieses später in das soziale Netzwerk »Facebook« einstellte – ohne aber den genauen Ort zu nennen. Nachahmer können wir nämlich nicht gebrauchen und wir wollten vor allem ein großes Medienecho, was zu erwarten gewesen wäre, partout vermeiden. Rasch entwickelte sich auf Facebook eine lebhafte Diskussion. Die Empörung war groß – allerdings weniger über die Tatsache an sich als vor allem darüber, dass Lamya mit dem Posting angeblich die türkischstämmige Minderheit in diesem Land diskreditieren würde. Man könne schließlich nicht hundertprozentig wissen, ob wirklich jemand mit türkischer Herkunft hinter der Tat stecke …

Michael Rubinstein

Über den Antisemitismus in Deutschland und über die Islamfeindlichkeit in Deutschland ist viel geschrieben und gesagt worden. Schauen wir also auf ein relativ junges Phänomen in unserem Land: den muslimischen Antisemitismus. Muslimischer Antisemitismus ist traurige Realität, wie auch der abscheuliche Überfall auf Rabbiner Daniel Alter vermutlich durch arabischstämmige Jugendliche gezeigt hat. Ende August 2012 war er in Berlin im Beisein seiner kleinen Tochter auf offener Straße zunächst beleidigt und dann tätlich angegriffen worden, als er die Frage, ob er Jude sei, mit Ja beantwortete. Die Betrachtung des Phänomens muslimischer Antisemitismus ist nicht ganz einfach. Das liegt hauptsächlich daran, dass es in Deutschland zugleich eine Stellvertreterfunktion einnimmt, um nämlich von antisemitischen Stereotypen in der Mehrheitsgesellschaft abzulenken. Muslimischer Antisemitismus lässt sich in Zeiten der »Islamkritik« leicht zum Thema machen. Das nutzen nicht nur Islamfeinde und rechtskonservative Kreise für ihre Interessen. Im Grunde bietet sich mit dem Fingerzeig auf Muslime für jeden eine Chance, die »Last« des Nationalsozialismus ein Stück weiter von den Schultern der Deutschen wegzunehmen.

Die Virulenz des Themas lässt sich vermeintlich eindeutig beweisen: Erst jüngst hörte ich in einem Radiobeitrag ein typisches Beispiel: Wohin geht der Autor des Beitrags, um seine These vom muslimischen Antisemitismus zu belegen? Nein, nicht in die wohlbehütete Kleinstadtidylle im Allgäu oder am Niederrhein, wo die Vorgärten noch gepflegt sind und der Bürgermeister die Einwohner persönlich begrüßt. Nein, er geht in ein berüchtigtes Viertel einer Großstadt, wo sich die sozial benachteiligten Schichten sammeln, und fängt vor einer Problemschule ein paar großspurig auftretende Jungs mit schwarzen Haaren ab, um Sprüche wie »*Juden sind Schwänze!*" und "*Ganz ehrlich – ich fick alle Juden!*«(sic!) ins Mikro zu bekommen.

De facto ist der muslimische Antisemitismus in Deutschland ein Randphänomen. Im zweiten Quartal 2012 gab es laut Antwort der Regierung auf eine Bundestagsanfrage 197 Straftaten mit antisemitischem Hintergrund. Acht wurden von »Ausländern« verübt (das Bundesinnenministerium schlüsselt nach Rechts, Links und Ausländern auf), 182 von Rechts! Zum Vergleich: Im gleichen Zeitraum 2011 waren es 215 Straftaten, davon 206 von Rechtsextremen und zwei (!) von »Ausländern«. Anfang 2012 veranlasste eine Erhebung die BILD-Zeitung zu der Schlagzeile: »Neue Schock-Studie: 20 Prozent der Deutschen latent antisemitisch.« 20 Prozent von 82 Millionen Deutschen sind 16,4 Millionen Menschen – in Deutschland leben 4–5 Millionen Muslime – und nicht alle sind antisemitisch.

Theologisch stehen sich Muslime und Juden näher als Muslime und Christen oder Juden und Christen. Muslime und Juden haben eine vergleichbare Glaubensarchitektur – manche sprechen von Gesetzesreligionen. Judentum und Islam sind auch nicht gewaltfördernder als das Christentum, dessen Ursprünge weniger kämpferisch sind. Umso erstaunlicher sind daher die Auftritte mancher christlicher Würdenträger. Immer wieder wenden sie sich im Alltag Muslimen und Juden mit einer gewissen Überheblichkeit zu, als sei das Christentum in punkto Umgang mit Gewalt das große Vorbild. Jüngst kritisierte Karl Kardinal Lehmann in der »Bild am Sonntag« zum wiederholten Mal die religiöse Intoleranz in muslimisch geprägten Staaten – und wies auf eine angebliche »Wiedereinführung der Scharia mit Handabhacken und anderen Grausamkeiten in verschiedenen Ländern« hin. Im Grundsatz ist so eine Kritik nicht nur legitim, sondern auch erforderlich. Wenn aber Kardinal Lehmann 2011 ein wohlwollendes Vorwort zu einem umstrittenen Buch mit dem Titel »Christenverfolgung in islamischen Ländern« schreibt, in dem ein bekannter, radikaler Islamhasser gleich in drei Beiträgen seine Hetze verbreiten darf, dann tut es mir leid, dann kommen mir an der inneren Einstellung dieses Mannes Zweifel, selbst wenn viele ihn für einen liberaleren Geist halten.

Dass Christen und andere Glaäubige in der Geschichte der islamischen Welt bisweilen Verfolgungen ausgesetzt waren, dass es Pogrome gegen Juden gegeben hat, dürften die wenigsten ernsthaft bestreiten. Dennoch lässt sich daraus keine spezifische Judenfeindschaft belegen. Die vorhandenen Beispiele werden vor allem von so genannten Islamkritikern, also Leuten, denen es eigentlich nur um die pure Verunglimpfung des Islam, um Chauvinismus oder sogar Rassismus geht, überbetont und übertrieben. Das beginnt schon mit dem so genannten gelben Judenstern. Immer wieder kann man nachlesen, es sei keine Erfindung der Nationalsozialisten gewesen, sondern es habe bereits im 7. Jahrhundert Kennzeichnungspflichten für Juden in der islamischen Welt gegeben. Stimmt. Juden sollten damals eine gelbe Kopfbinde und einen gelben Gürtel tragen. Verschwiegen wird allerdings, dass Christen blaue Kopfbinden und blaue Gürtel tragen sollten. Es ging also nicht explizit gegen Juden. Die Unterscheidung sollte vor allem klarmachen, für wen die muslimischen Gesetze galten und für wen nicht – auch eine solche Regelung muss natürlich im Spiegel der Zeit gesehen werden.

Der heutzutage oft bemühte Vorwurf, Juden seien als Dhimmis (im islamischen Recht: Schutzbefohlene) nur Bürger zweiter Klasse gewesen, greift ebenfalls nicht. Auch das ist zwar sachlich korrekt – zumindest auf theoretischer Ebene. Provokativ könnte man aber bemerken: Immerhin waren sie so etwas wie »Staatsbürger« mit weitgehenden Rechten, was man über Juden in Mitteleuropa vor allem nach dem 13. Jahrhundert wohl kaum sagen kann. Zudem ist es kein Sonderfall der Weltgeschichte, dass Minderheiten eine marginalisierte Stellung einnahmen – das gilt in gewissen Rahmen noch heute auf der ganzen Welt.

Historisch prägender sind die positiven Beispiele muslimisch-jüdischen Zusammenlebens: allen voran das »Goldene Zeitalter« in Andalusien und später die Flucht der Juden nach Nordafrika oder ins Osmanische Reich. Das sind zu Recht die Begebenheiten, die überwiegend Eingang in die Kunst, Literatur und Philosophie fanden. Die Versuche, analog zum Christentum eine historische Kontinuität des Antisemitismus im Islam zu zeichnen, sind weitgehend zum Scheitern verurteilt. Man kann es drehen und wenden wie man will: Im Islam gibt es keine »Gottesmord«-Vorwürfe oder Hostienfrevellegenden.

Trotz allem müssen wir uns fragen, warum Hitlers »Mein Kampf« oder die »Protokolle der Weisen von Zion« unter Muslimen heute gesteigerte Nachfrage genießen, denn das ist zweifelsfrei so. Dabei sollte man nur zweierlei nicht vergessen: Erstens, es sind keine islamischen Ideen. Europäische Vordenker haben sie in die Welt gesetzt. Man spricht deshalb auch von »islamisiertem Antisemitismus«. Zweitens, die Machwerke finden in ihren Übersetzungen vor allem in der arabischen Welt besonderen Anklang, nicht in der gesamten muslimischen. Dass der Nahostkonflikt dafür eine Hauptursache ist und dass die Hasstexte vor allem von dort involvierten Akteuren verbreitet werden, dürfte niemanden überraschen. Diese politische und nicht originär religiöse Auseinandersetzung um Israel ist zugleich Hauptursache für muslimische Feindseligkeiten gegenüber Juden in Deutschland. Die Kritzelei in der Duisburger Synagoge und der Angriff auf Rabbiner Alter dürften ebenfalls auf eine diffuse Feindschaft gegenüber Israel zurückgehen. Das macht es nicht besser, gibt aber die richtige Richtung für den Kampf gegen muslimischen Antisemitismus vor.

»Du Jude« – diese Worte fallen oft gedankenlos. Sie sind dann Teil der Jugendsprache und belegen nicht automatisch eingefleischten Antisemitismus. Viele muslimische Jugendliche vor allem mit arabischen Wurzeln nehmen Juden auch nicht in erster Linie als Opfer wahr, sondern wegen Teilen der israelischen Politik als Vertreter einer Besatzungsmacht. Ein Großteil der muslimischen Jugendlichen lebt vielfach in prekären sozialen Verhältnissen. Mitunter sind sie selbst oder ihre eingewanderten Familien Teil jahrelanger gewalttätiger Konflikte gewesen, weshalb sie ich häufig als Opfer sehen. Das alles bewirkt einen unterschiedlichen Umgang mit Juden und Judentum. Abstrahiert bedeutet das zunächst: Hier geht es um gesamtgesellschaftliche Entwicklungen. Und genau dort muss man beginnen, um ihnen etwas entgegenzusetzen.

Auch pauschale Äußerungen und gedankenlose Beschimpfungen dürfen nicht übergangen werden – zumindest in pädagogischen Kontexten wie der Schule. Dazu bedarf es der Vermittlung von Hintergrundwissen, das wir hier zum Teil bereits geschildert haben. Die Aufklärung über mediale und propagandistische Mechanismen sowie die Förderung persönlicher Kontakte helfen darüber hinaus, die Wurzeln des antisemitischen Hasses herauszureißen.

Heute entspringt Antisemitismus sozialpsychologisch gesehen derselben Quelle wie Islamfeindlichkeit, Rassismus und andere Spielarten gruppenbezogener Menschenfeindlichkeit. Sie sind somit eine gemeinschaftliche Herausforderung. Weder sollten sich die einen moralisch überhöhen, als ginge sie das weniger an, noch sollten sich die anderen wegducken, als ginge sie das gar nichts an – auch wenn sie es selbst in diesem Land nicht immer einfach haben. Forderungen, die Islamverbände mögen sich dem Thema stärker widmen, sind berechtigt. Bedenken wir dabei bitte nur, dass der Vorwurf gegen Muslime mitunter auch missbraucht wird, um von anderen Formen des Antisemitismus abzulenken und zugleich dem neuen Feindbild Islam zu dienen.

Lamya Kaddor

MICHAEL RUBINSTEIN: »Euch hätte man damals mit vergasen müssen.« Noch heute hallt es in meinen Ohren. Es war in der Grundschule in Düsseldorf. Irgendetwas war passiert, und einer meiner Mitschüler, den Namen lassen wir jetzt mal weg, kein muslimischer Junge, brüllte mir und den vier anderen jüdischen Mitschülern das entgegen. Da wurde mir zum ersten Mal bewusst: Ich bin jüdisch und damit anders; dein Glaube ist etwas, das dich ungeachtet deiner Persönlichkeit angreifbar macht, und du kannst nichts dagegen tun. Nur, warum »Jude« einen angreifbar machen soll, wusste ich damals nicht.

Man könnte das als dummen Kinderspruch abtun, aber im Gymnasium ging das weiter. Da kamen immer wieder mal die Klischees hoch wie: Juden hätten so viel Geld. Das wurde ganz offen durch die Klasse posaunt. Einige Schüler hatten die Wände beschmiert, mit der Folge: Sie mussten neu gestrichen werden. An den Kosten sollten sich alle beteiligen. Mehrere Klassenkameraden protestierten, sie hätten mit der Sache nichts zu tun. Darunter waren auch einige jüdische Schüler. Das quittierte einer unserer Mitschüler lapidar: »Ach, das ist doch für euch kein Problem, ihr habt genug Kohle.« Solche Sachen kamen immer wieder vor. Persönliche Übergriffe habe ich zwar – Gott sei Dank – nie erlebt. Allerdings gab es mal eine Fernsehsendung auf RTL, in der konnten Bürger die Kandidaten für die Bundespräsidentenwahl befragen. Ich war damals 16 oder 17 und stellte die Frage nach den Vorstellungen des Kandidaten im Kampf gegen Rechtsradikalismus. Im Anschluss an die Sendung bekam ich ein »nettes« Schreiben – ein antisemitisches Hasspamphlet mit einer Rasierklinge darin: »Du Judenlümmel schneid deinen Eltern und deiner Familie und dir die Pulsadern auf, damit du Judensau mal was Anständiges in deinem Leben machst.« Das ging natürlich zum Staatsschutz, aber die konnten nichts ermitteln …

In Frankfurt am Main, Berlin und anderswo sind orthodoxe Juden oder jüdische Geistliche wegen ihrer äußeren Erscheinung durchaus schon angegriffen worden. Zuletzt Anfang Juni 2013 in Offenbach. Da wurde ein Rabbiner mitten in einem Einkaufszentrum von Jugendlichen beleidigt und attackiert. Das ist auch Realität. Aber so etwas gibt es überall, und ich will nicht ausschließen, dass jemand von uns Juden eine Person tätlich angeht, nur weil sie Muslim oder Christ ist. Denk an die »Price-tag«-Übergriffe in Israel, bei denen radikale Siedler Palästinenser und deren Eigentum angreifen und vorgeben, sie zahlten damit den Preis für ihren Widerstand gegen den Siedlungsbau. Bemerkenswert ist natürlich, dass Israels Ministerpräsident Benjamin Netanjahu jüngst klar Stellung gegen solche Angriffe bezogen hat. Aber bleiben wir in Deutschland: In Düsseldorf bekommt die jüdische Gemeinde regelmäßig »Fanpost« mit antisemitischem Geschmiere. In Duisburg dagegen bleiben wir weitgehend verschont. Allerdings würde mich schon interessieren, was passieren würde, wenn ich mit einer Kippa durch die Gegend liefe, – wie die Leute gucken und wie sie die Gespräche mit mir anfangen würden.

LAMYA KADDOR: Anders jedenfalls. Wenn ich ein Kopftuch tragen würde, wäre das für mich definitiv anders. Es ist ja schon ohne Kopftuch nicht immer ganz leicht. Man macht schon hin und wieder komische Erfahrungen. Wie neulich an der Supermarktkasse. Eine ältere Frau hatte sich vorgedrängelt, und als ich sie darauf ansprach, empfand sie mich als frech und unverschämt. Nach dem Motto: Ausgerechnet die kleine Ausländerin weist mich zurecht …

MICHAEL RUBINSTEIN: Woher weißt du denn, dass sie so reagiert hat, weil sie dich als Ausländerin betrachtet hat?

LAMYA KADDOR: Ich weiß es nicht, es ist ein Gefühl. Es entsteht aufgrund der Reaktion des Gegenübers, aufgrund früherer Erfahrungen und Schilderungen anderer. Gewiss, möglicherweise tue ich der Frau Unrecht. Nur, allzu ungewöhnlich wäre meine Deutung nun auch wieder nicht. Auffällig war zudem, als mein Mann dazukam – groß, blond, blauäugig – und ihr erklärte, dass ich wirklich vor ihr in der Schlange gestanden habe, da lenkte sie ein. Und ich habe nicht schlecht gestaunt. Bedarf es also eines typisch deutschen Mannes, damit man mir hier glaubt? Störend war für sie sicherlich nicht, dass ich Muslima bin, das konnte sie nicht wissen, weil man es mir nicht ansieht. Dennoch gab sie mir zu verstehen, ich sei die Ausländerin und als solche unglaubwürdig. Das ist ja ein verbreitetes Klischee: Ausländer lügen, betrügen die armen, ehrlichen Deutschen. Im Grunde ist es aber unerheblich, ob ich mit meiner Deutung richtig liege oder nicht. Fakt ist: Viele »Ausländer« würden solche Situationen ähnlich interpretieren. Und das zeigt einfach den Riss, der durch unsere Gesellschaft geht.

MICHAEL RUBINSTEIN: Ja, es gibt ihn schon diesen Riss. Wir sind an einem Punkt, wo keine Normalität herrscht. Das ist ein grundsätzliches Thema. Beim Namen Rubinstein ahnen schon viele, dass ich Jude bin. Spätestens wenn sie es genau wissen, begegnen sie mir mit Zurückhaltung. Sie haben Angst, mir auf die Füße zu treten, oder glauben, nicht alles sagen zu können. Das zeigt die Unnatürlichkeit. Weder Jude noch Muslim zu sein gilt als normal. Erst gerade hatte ich wieder so ein Gespräch. Ich rief irgendwo an, nannte meinen Namen und bekam zur Antwort: »Rubinstein? Oh, was für ein schöner Name. Sind Sie Jude? Ich hab noch nie mit einem telefoniert.« Klar, das ist einerseits nett und ich kann über diesen Satz eigentlich schmunzeln. Auf der anderen Seite fühlt man sich wie ein Museumsstück. Was ist daran so wichtig, dass ich Jude bin? Ich und vermutlich viele andere würden auch nicht sagen: »Sind sie russisch-orthodoxer Christ? Oh, ich hab noch nie mit einem gesprochen! Wenn jemand russisch-orthodoxer Christ ist, spielt das keine Rolle, aber sobald er Jude ist und wahrscheinlich auch wenn er Muslim ist, wird es von anderen als wichtiges Kriterium herausgestellt.

Lamya Kaddor: Nein, ein Telefonat mit einem Muslim würde noch anders ablaufen, weil ihr einfach so wenige seid. Aus Sicht vieler Leute ist es schon etwas Besonderes, mal mit einem Juden zu sprechen, wohingegen ein Muslim heute nichts Besonderes ist. Das Besondere wäre höchstens, wenn er gut Deutsch spräche! Und dann hieße es: Sie sprechen aber gut Deutsch! Und obwohl dieser Satz vielleicht nett oder zumindest nicht negativ gemeint ist, signalisiert er mir – als hier Geborene: Du gehörst du nicht wirklich dazu. Denn zu einem blonden Christen mit deutschem Namen würde niemand sagen: Sie sprechen aber gut Deutsch. Damit will ich nicht sagen, dass man die Religion oder meine ausländische Herkunft überhaupt nicht erwähnen oder ansprechen dürfte. Aber bitte dann, wenn es etwas zur Sache beiträgt oder wenn man wirklich Fragen hat. Häufig sind es nämlich keine Fragen, die gestellt werden. Häufig fallen die Worte rein rhetorisch. Das heißt, dahinter verstecken sich vorgefertigte und gefestigte Haltungen, die bloß kaschiert werden sollen. Auf so etwas will und kann man eigentlich gar nichts mehr antworten. Am Ende kommt es darauf an, wie jemand fragt. Der Ton macht die Musik. Man spürt einfach recht schnell, ob das Gegenüber einem mit Wertschätzung begegnet oder nicht.

Michael Rubinstein: Ich wurde einmal bei einem Neujahrsempfang gefragt: »Sie sind doch Jude, können Sie mir vielleicht sagen, in welchem jüdischen Jahr wir sind?« Das fand ich ganz in Ordnung. Die Frage konnte ich nachvollziehen, dass mich hier jemand in meiner Eigenschaft als Jude darauf ansprach. Die Normalität ist das alles Entscheidende. Als ich dich kennen gelernt habe, da wusste ich, du bist jetzt als Vertreterin der muslimischen Seite hier. Für mich zählte trotzdem nur: Entweder ich komme mit dir als Person aus oder nicht. Welche Religion du hast, wo du herkommst, war mir völlig egal. Andernfalls hätte man sich gegenseitig etwas genommen, wenn man zuerst darauf geachtet hätte: Der ist Jude, die ist Muslima. So war es Liebe auf den ersten Blick, pardon, Sympathie auf den ersten Blick. Die Chemie zwischen uns stimmte und die Themen, über die wir uns austauschen, wurden dann mit der Zeit fließend – vom Beruflichen zum Privaten. So ein ähnliches Aufeinander-Zugehen wie bei uns erwarte ich von anderen Leuten – nach dem Motto: Das ist Michael Rubinstein, er ist, wie er ist. Er ist ein Mensch, und er ist halt Jude. Punkt.

LAMYA KADDOR: Allerdings muss man bedenken, wir sehen das aus der Minderheitenposition. Wir wissen, wie es ist, dass auf einen geschaut wird.

MICHAEL RUBINSTEIN: Aber wir Juden wollen nicht immer als Minderheit nach außen auftreten. Wir haben Nationalitäten, sind Berufstätige, Familienmenschen und so weiter. Leider sind wir noch nicht so weit, was übrigens auch für meine eigene Familie gilt. Wenn ich mit einer muslimischen Freundin gekommen wäre, hätten das meine Eltern noch weniger gern gesehen als mit einer Christin. Wollen wir uns nicht davon ausnehmen, auch wir Juden haben genug Klischees über andere im Kopf.

LAMYA KADDOR: Du schreibst, dass euch der Antisemitismus in der Gemeinde nicht offen gegenübertritt. Glaubst du denn, dass Juden im 21. Jahrhundert in Deutschland im normalen Alltag direkt diskriminiert werden?

MICHAEL RUBINSTEIN: Schwer zu beantworten. Es sagt einem wohl niemand ins Gesicht: Du kriegst den Job nicht, weil du Jude bist. Das wäre ein Fall für die Justiz. Aber selbstverständlich sind Vorurteile im Alltag auch bei erwachsenen und gebildeten Personen durchaus vorhanden und kommen zum Ausdruck. Als ich die Gelder für unseren Kindergarten beantragt habe – es ist ja eine staatliche Einrichtung in unserer Trägerschaft – bin ich zu entsprechenden Bereichsleitern in der Stadtverwaltung gegangen. Und einer entgegnete mir glatt: »Warum wollen Sie eigentlich Geld beantragen, ihr Juden habt doch genug davon.« Ja, ein Beamter der Stadt! Ich bin ja sonst nicht auf den Mund gefallen, in dem Moment konnte ich allerdings nichts sagen, zumal er derjenige war, der über unseren Antrag entscheiden musste. Das hat auch etwas mit Antisemitismus zu tun. Selbst wenn es einfach nur so dahergesagt worden wäre, weiß man, dass er an solche Klischees denkt und dass diese ihm offenbar leicht von den Lippen kommen.

LAMYA KADDOR: Bei uns läuft das noch anders ab. Ich allein könnte dir mehrere Beispiele wie das deiner türkischen Bekannten erzählen, die erst nach der Namensänderung eine Wohnung fand. Vermutlich wird dir jeder mit schwarzen Haaren und türkischen oder arabischen Namen so etwas erzählen können.

MICHAEL RUBINSTEIN: Mein früherer Vermieter in Frankfurt sagte einmal zu mir, Ausländer würde er ja nicht im Haus haben wollen, aber Juden seien schon in Ordnung. Ist das nun positiv? Klischees können zweischneidig sein. Manchmal resultieren daraus sogar scheinbar Vorteile. Als ich mir eine Wohnung gesucht und die Visitenkarte der jüdische Gemeinde gezückt habe ... Ich hätte jede Wohnung bekommen, die ich haben wollte. Das kann zwei Gründe haben: entweder weil die Visitenkarte einer Institution öffentlichen Rechts einen solventen Mieter ausweist oder weil der Vermieter Angst hat, im Fall einer Absage könnte er als Antisemit bezeichnet werden.

LAMYA KADDOR: Als du solche Erfahrungen wie in der Grundschule und danach gemacht hast: hier die Juden, dort die Deutschen, führte das zu einer inneren Abwendung von der Mehrheitsgesellschaft und einer Hinwendung zu deiner Eigenschaft Jude?

MICHAEL RUBINSTEIN: Ganz abstreiten kann man das nicht, wenn das Unterscheidungsmerkmal – in diesem Fall eben Jude – immer wieder thematisiert wird. Und die teilweise tätlichen Angriffe gegen Juden ängstigen mich schon. Es gibt sicherlich Regionen in Deutschland, wo ich mit dem Namen Rubinstein nicht leben wollte. Man kann seine judenfeindliche Haltung manchenorts ziemlich freimütig zeigen. Da helfen auch die Verbote von Hakenkreuz und Hitlers »Mein Kampf« nicht. Dass viele negative Ansichten über Juden in der Mitte der Gesellschaft angekommen sind, dass die Hemmschwelle – »Das wird man wohl noch sagen dürfen!« – viel niedriger geworden ist, das bereitet mir ebenfalls Sorgen. Früher konnte man den »Feind« besser ausmachen. Es waren meist die mit den Glatzen, heute muss man die Fremdenfeindlichkeit, die Angst vor Ausländern und insbesondere vor nicht-christlichen Deutschen, überall erwarten. Wir haben reichlich Immobilienunternehmer in Deutschland, nicht wahr? Wer kennt aber schon die Religionszugehörigkeit des Baulöwen Jürgen Schneider, der nach der Milliardenpleite Mitte der 90er-Jahre zu mehreren Jahren Gefängnis verurteilt wurde? Wohl kaum jemand. Ich auch nicht. Ignatz Bubis hingegen war der jüdische Immobilienspekulant aus Frankfurt am Main. Das wusste jeder – lange bevor er Vorsitzender des Zentralrats der Juden war. Und es schien zu passen: Juden betreiben seit Jahrhunderten Geldgeschäfte und haben in der Bankenmetropole Frankfurt viele Immobilien! Naja, viele? Was heißt das? Aber vermutlich man kann das wohl so sagen. Allerdings hat das an sich keinen Nachrichtenwert, wie ich ja eingangs schon betonte. Wenn ich heute als gewöhnlicher Geschäftsmann ein Geschäft abwickle, dann mache ich das nicht in meiner Eigenschaft als Mitglied einer religiösen Gemeinschaft. Die Religion ist dabei völlig uninteressant. Es tut eben auch nichts zur Sache, einen Angeklagten muslimisch zu nennen, wenn es um einen Verkehrsunfall geht. Niemand betont, dass ein Übeltäter »christlich« ist. »Jüdisch« und »muslimisch« werden als Zuschreibungen nur deshalb herausgestellt, weil über diese Gruppen zahlreiche Klischees im Umlauf sind.

LAMYA KADDOR: Und dann kommen noch muslimische Einwanderer hinzu, die die antisemitischen Feindseligkeiten zu allem Überfluss noch um die Dimensionen in ihren Herkunftsländern – Stichwort: Nahostkonflikt – ergänzen!

MICHAEL RUBINSTEIN: Genau. Und so sehr ich deine Ausführungen im Grund teile, möchte ich doch noch mal nachhaken. Du schreibst, Judenfeindschaft sei im Islam nicht theologieimmanent. Kann man das wirklich so klar sagen?

Lamya Kaddor: Selbstverständlich. Es gibt zwar einschlägige Stellen im Koran, die vermeintlich gegen »die« Juden gerichtet sind, wie Sure 5, Vers 60: »Leute, die Gott verflucht hat, und auf die er zornig ist, und aus denen er Affen und Schweine und Götzendiener gemacht hat.« Im Allgemeinen muss man aber wissen, dass der Koran nicht nur Universelles schildert, nicht nur auf das Verhältnis zwischen Gott und den Menschen eingeht, sondern sich auch direkt mit dem realen Leben Muhammads und seiner Gefährten sowie deren Verhalten untereinander und im Umgang mit ihrer Umwelt befasst. Was da zum Teil in den Koran und die Frühgeschichte des Islam Eingang gefunden hat, bezieht sich auf konkrete Konflikte, die es nicht gab, weil Juden Juden sind. Die Auseinandersetzungen wurden geführt, weil Menschen jüdischen Glaubens dem Aufstieg der ersten Muslime bisweilen ebenso im Weg standen wie Menschen christlicher oder polytheistischer Überzeugungen. Es lassen sich nicht alle Koranstellen verallgemeinern. Schon gar nicht die feindseligen Verse über Juden, wenn dagegen in Sure 2, Vers 62 auch wieder gesagt wird: »Diejenigen, die glauben – auch Juden, Christen und Sabäer –, diejenigen, die an Gott und den Jüngsten Tag glauben und richtig handeln, die erhalten ihren Lohn von ihrem Herrn.« Wenn man bestimmte Stellen ausklammert und nur die »bösen« Verse wortwörtlich und ohne historischen Kontext liest, was übrigens radikale Muslime genauso tun wie radikale Islamkritiker, dann ist das ein gefundenes Fressen. Dann ließe sich eine Feindschaft zum Judentum ableiten, doch das ist hat nichts mit Theologie zu tun. Das ist Verleumdung.

Michael Rubinstein: Und wie ist das mit dem Beispiel des Stammes Quraiza, dessen Männer mit Billigung Muhammads ausgelöscht und dessen Frauen und Kinder in die Sklaverei verkauft wurden? Muhammad ist doch ein Vorbild für Muslime, oder?

Lamya Kaddor: Stimmt, er ist ein Vorbild. Aber an deinen Ausführungen sieht man übrigens besonders gut, wie unerlässlich der historische Bezug ist: Du sprichst selbst von Sklaverei. Wie sollte man heute jemanden in die Sklaverei verkaufen? Davon abgesehen war das, was unter Muhammads Führung geschah, damals nicht ungewöhnlich. Es wurde nach den auf der Arabischen Halbinsel bekannten Spielregeln verfahren: Stämme haben einander bekämpft, Besiegte wurden getötet oder versklavt. Es wäre absurd, diese Zeit mit heutigen moralischen Maßstäben zu messen. Persönlich hatte Muhammad sicherlich nichts generell gegen Juden, er hat ja in Medina mit ihnen zusammengelebt. Es ging niemals primär gegen alle Juden, sondern stets um die Frage, wer folgt Muhammad und wer steht ihm im Weg? Denn Muhammad war auch ein politisch handelnder Mensch.

Wie weit Antisemitismus unter Muslimen verbreitet ist, darüber gibt es gar keine seriösen Erhebungen. Es gibt Vorfälle, in denen Muslime Juden attackieren, dann wird das öffentlich breitgetreten, und da man die Thesen aus dem Nahostkonflikt kennt und die Hasstiraden von Irans Ex-Präsident Mahmud Ahmadinedschad, scheint alles prima zueinanderzupassen. Ehe du dich versiehst, hast du eine Narrative, die sich verselbstständigt, einen Topos der nicht mehr hinterfragt wird.

Ich will hier nichts bagatellisieren. Ich will nur zur Vorsicht mahnen. Es gibt muslimischen Antisemitismus und er ist ein Problem. Ich selbst bemühe mich, das in meiner Arbeit zu thematisieren. Aber es ist nicht immer alles so, wie es auf den ersten Blick wirkt. Natürlich höre ich öfters judenfeindliche Sprüche unter meinen Schülern. Naja, was heißt öfters? Also zumindest fällt manchmal in einem Streit das arabische oder türkische Wort für Jude: Yehudi oder Yahudi. Als ich dazwischen gegangen bin und fragte: »Hey, warum nennst du ihn Jude?«, wusste der Schüler in dem Moment überhaupt nicht, wieso er das gesagt hatte. Ihm war bloß klar, »Jude« ist irgendwie ein Schimpfwort. Wieso, weshalb, warum – darüber hatte er sich keinen Kopf gemacht.

Es ist so, wie man beim Fußball manchmal »du Schwuchtel« hört. Da wird etwas als Schimpfwort gebraucht, ohne dass man sich die eigentliche Bedeutung bewusst macht. Und irgendwie sind die Schüler vom Judentum stärker gefesselt als von anderen Religionen, das ist auffällig. In der 9. Klasse erzählte jemand, er sei in Duisburg an eurer Synagoge vorbeigelaufen und habe gesehen, dass dort getanzt worden sei, mit einer Diskokugel an der Decke. Ich stutzte. Er insistierte. Am Sonntag darauf hätten die Leute in demselben Raum gebetet. Das sei ganz sicher im Gebetsraum gewesen. Ich meinte: »Ein Freund von mir arbeitet dort, soll ich ihn mal einladen, dann kann er uns das erklären?«

»Ja, wieso nicht?« »Wir könnten auch mal gemeinsam dorthin gehen?« Das wiederum stieß bei den meisten Mitschülern auf recht großes Unverständnis: »Was sollen wir denn in der Synagoge? Wir gehen ja nicht einmal in die Moschee!«

MICHAEL RUBINSTEIN: Es ist trotzdem schön, dass sich deine Schüler überhaupt für uns interessieren. Wir hatten übrigens tatsächlich einen Gemeindeball im Festsaal und dort hing auch eine Diskokugel; wohlgemerkt nicht in der Synagoge. Aber im Großen und Ganzen hat der Junge das richtig beobachtet. Es gibt auch das Thorafreudenfest, und da tanzen wir in gewisser Weise wirklich durch die Synagoge, nur ohne Diskokugel, dafür mit der Heiligen Schrift. Das ist eine interessante Geschichte mit diesem Schüler. Also ich kann mich gar nicht daran erinnern, dass in meiner Schulzeit das Thema Islam überhaupt ein Thema war, geschweige denn ein Problem, und dass daraus Schimpfworte gezogen wurden. Das ist irgendwann später gekommen.

LAMYA KADDOR: Ja, früher ging es unter den so genannten Deutschen, also den Mehrheitsdeutschen hier, mehr um Nationalitäten: Pole, Italiener, Türke und so weiter. Für die Menschen macht es allerdings keinen großen Unterschied, weswegen sie herabgewürdigt werden. Als meine Mutter 1976 nach Deutschland kam, muss sie dieses vermutlich typische Migrantengefühl in vielen Gesellschaften noch viel intensiver erlebt haben: fremd, allein, unsicher. Man kommt in ein neues Land und findet erst einmal alles anders vor. Es gibt nicht mehr das gleiche Essen, es gibt nicht mehr die gleichen Gewürze. Für meine Mutter war das nicht unwichtig, weil sie als Hausfrau nach Deutschland kam. Aber die Essgewohnheiten sind für uns Menschen generell wichtig. Was wir auf dem Teller haben, das hat mit Identität zu tun. Essen vermittelt Heimatgefühle. Deshalb suchen viele Menschen von selbst nach bekannten Lebensmitteln, wenn sie auswandern. Bei meiner Mutter ging das so weit, dass sie in ihren Koffern einiges mitgebracht hat und sich später von Verwandten und Bekannten sämtliche Sachen schicken ließ. Irgendwann gehen die Vorräte allerdings zur Neige. Sie ging in den Supermarkt und trug das Kopftuch, das sie übrigens kurz zuvor erst in Deutschland angelegt hatte; später ließ sie es eine Zeit lang wieder weg, bis sie sich endgültig dafür entschied. Sie stand an der Gemüsetheke und sah, dass ein Junge mit seiner Mutter an ihr vorbei lief. Das Kind zeigte mit dem Finger auf sie und meinte wohl so etwas wie: »Guck mal, Mama, die Ausländerin da trägt ein Tuch auf dem Kopf.« Darauf zog die Frau ihren Sohn beschämt zur Seite und raunte: »Psst, lass das. Wir gehen weiter.« Meine Mutter kam sich vor wie eine Aussätzige. Solche Erfahrungen sind keine Tragödie, aber sie tragen natürlich nicht dazu bei, das Fremdheitsgefühl rasch zu verlieren.

Außerdem kannte sie das Auffällige des Kopftuchs nicht. Sie ist in Syrien aufgewachsen, und das war damals gesellschaftlich bunt und relativ tolerant. Christen, Juden, Drusen leben dort. Innerhalb der Muslime gab es unterschiedliche Gruppen, einige trugen Kopftuch, andere nicht. Manche Frauen gingen in Miniröcken auf die Straße, andere vollverschleiert. Die Vorstellung, dass es unterschiedliche Menschen gibt, die alle in einem Land leben und die gleiche Sprache sprechen, ist bei ihr in den 1970er-Jahren viel lebendiger gewesen als bei vielen Deutschen. Sicher hat sie auch erkannt, dass sie sich durch das Kopftuchtragen selbst exponiert in dieser Gesellschaft, wo alte Frauen höchstens noch auf dem Land sonntags in der Kirche eine Kopfbedeckung tragen. Wenn ich aber wegen etwas abgegrenzt werde, das ich nicht beeinflussen kann wie meine Herkunft und meine Identität, dann ist da eine Enttäuschung, eine Frustration. Man wird trotzig. Das schaukelte sich hoch. Meine Mutter fühlte sich ausgeschlossen, also trug sie erst recht ein Kopftuch. Wenn man sie hier schon nicht haben wollte, war das auch egal. Sie erfuhr Abgrenzung und grenzte sich noch weiter ab, indem sie sagte: Alle Deutschen haben Probleme mit Ausländern, alle Deutschen hassen Ausländer, alle Deutschen hassen Muslime, alle Deutschen hassen Araber, alle Deutschen …, was weiß ich, was noch kam. Das war für uns als Kinder nicht immer ganz einfach. Sie hat diese Parolen nie mit Eifer vorgebracht, aber man spürte schon stets ihre Enttäuschung und ihre Hilflosigkeit gegenüber der Mehrheitsbevölkerung.

Michael Rubinstein: Was denkt sie heute darüber?

Lamya Kaddor: Ganz unterschiedlich. Also ihre grundlegende Offenheit hat sie sich bewahrt. Sie hat meinen deutschstämmigen Mann in die Familie und in ihr Herz aufgenommen. Außerdem sind ihre Kinder hier geboren und aufgewachsen. Sie sind Deutsche und haben in diesem Land alle Chancen geboten bekommen – inklusive ihre Töchter. Dafür ist sie dankbar. Wir gingen in den Kindergarten, wir bildeten uns weiter, wir haben alle einen Job. Wir führen ein ganz anderes Leben als sie. Sie hat nie so gelebt wie wir. Was für uns selbstverständlich ist, ist es für sie nicht. Meine Mutter ist ja in einem Dorf groß geworden, wo man sich über elektrischen Strom riesig freute, wenn er mal funktionierte. Zugleich weiß sie, dass sie in Deutschland alt geworden ist. Sie lebt mittlerweile mehr als die Hälfte ihres Lebens hier. Die Sehnsucht nach Syrien ist längst nicht mehr dieselbe wie aus früheren Tagen. Sie will zwar ihre Verwandtschaft regelmäßig sehen; dazu reichen ihr mittlerweile allerdings Besuche. In Syrien zu leben käme ihr mittlerweile nicht mehr in den Sinn. Sie sagt ganz klar, Heimat ist da, wo meine Kinder sind. Ich möchte bei meinen Kindern und meinen Enkelkindern sein. Da hat sich einiges verändert. Zumal sie inzwischen selbst andere Erfahrungen gemacht hat als damals im Supermarkt. Beispielsweise die seit Jahren notwendig gewordenen regelmäßigen Arztbesuche vermittelten ihr andere Sichtweisen auf die Menschen hier. Da waren so viele deutsche nichtmuslimische Ärzte und Arzthelferinnen, die ihr geholfen haben. Ihnen bringt sie noch heute Süßigkeiten aus Syrien vorbei. Das hat ihr ebenfalls gezeigt: Offensichtlich können nicht alle Deutschen so schlimm sein. Also diese Differenzierung kriegt sie schon hin.

Michael Rubinstein: Das ist schon bewundernswert. Ich glaube, einige Leute suchen sich immer wieder neue Feindbilder. Hinsichtlich des Islam und gerade der türkischen oder arabischen Community ist das schon brisant. Wir Juden sind ja letztlich eine sehr kleine Minderheit hier.

Lamya Kaddor: Aber für euch werden massive Sicherheitsvorkehrungen getroffen. Vor jeder Synagoge steht die Polizei. Sag mal, diese permanente Bewachung ist doch übertrieben, oder?

Michael Rubinstein: Der deutsche Staat hat Angst, dass uns was passiert, dass es zu einem Übergriff kommt und dass er in diesem Augenblick nicht dagewesen ist. Dann holt irgendjemand die Moralkeule heraus: In Deutschland, dem Land der Schoah, werden wieder Synagogen attackiert. Vor diesem Hintergrund sind die Schutzmaßnahmen sicherlich zum Teil der speziellen deutsch-jüdischen Narrative geschuldet, zugleich sieht man am NSU, dass Rechtsterrorismus kein Hirngespinst ist. Wer weiß schon, wie viele »Zwickauer Zellen« es noch gibt. Es ist schon traurig, dass wir diesen Schutz noch immer brauchen. Nur, man darf sich nichts vormachen. Letztendlich garantiert die Polizeipräsenz auch keine hundertprozentige Sicherheit. Wenn uns jemand etwas antun will, sprengt er sich in die Luft oder zündet eine Bombe, da helfen die Beamten vor der Tür auch nicht. Man denke an den Anschlag auf eine jüdische Schule in Toulouse im März 2012, bei dem drei Kinder und ein Lehrer starben. Allerdings ist das kein jüdisches Thema an sich. Die Moschee in Duisburg-Marxloh wird auch kameraüberwacht.

LAMYA KADDOR: Diese Feindseligkeit ist eine Frage der Sichtbarkeit. Das Fremde soll aus der Öffentlichkeit verschwinden, nicht wahrnehmbar sein. Erst dann ist alles gut.

MICHAEL RUBINSTEIN: Muslime oder Türken sind in der Regel im Stadtbild erkennbar, Frauen durch Kopftücher und Jungs, wenn sie durch ihr südländisches Äußere auffallen oder wenn sie in bestimmten Stadtteilen vermehrt anzutreffen sind. Uns wenige Juden hingegen erkennt man erst einmal nicht auf der Straße. Da fragt man sich halt schon, inwiefern das Ganze antisemitische Gerede ein »Phantomschmerz« ist. Gut, vielleicht sind wir medial über den Zentralrat der Juden stärker vertreten, als es unserer Gruppenstärke entsprechen würde, dennoch steht das in keinen Verhältnis zum Ausmaß des Antisemitismus. Wie gesagt: Der Antisemit braucht keinen Juden. Bilder werden über Generationen von Leuten tradiert, die nie wirklich mit Juden Kontakt hatten.

LAMYA KADDOR: Rein rechnerisch muss ich da an die Islamfeindlichkeit denken. Es gibt nur Null Komma soundso viel Prozent von ca. 1,5 Milliarden Muslimen, die man dem gewaltbereiten, terroraffinen Spektrum zurechnen muss. Trotzdem werden die Ängste und Anschuldigungen auf alle Muslime übertragen. Wie oft muss ich mich bei meinen Veranstaltungen erst einmal für den islamistischen Terror rechtfertigen? Letztlich ist das auch eine Phantomdebatte, wenn sie auch inhaltlich völlig anders gelagert ist. Woran liegt das?

MICHAEL RUBINSTEIN: Vermutlich ist das trotzdem ein Problem der Masse. Früher gab es ganze Stadtteile, die von jüdischen Bürgern dominiert waren. In dieser Zeit entstanden die Klischees. Sie konnte sich über Jahrhunderte in den Köpfen der Leute einbrennen, und heute braucht man keine große Anzahl von Juden mehr vor Augen zu haben, um ihnen feindlich gesinnt zu sein. Wenn du heute in Duisburg, Köln oder Berlin durch manche Stadtteile gehst, siehst du einfach ganz viele türkischstämmige Menschen. Dann werden die Berichte über einzelne Terroristen mit dem Anblick, der sich biet   ckt. Da zeigt sich die Zweidimensionalität des Menschen im   lötzlich sind alle gleich: Jeder Ausländer, jeder Türke ist ei   render Moslem, der schon an der Bombe bastelt. Und dank   edienwelt dauert es auch nicht mehr Jahrhunderte, bis sich   ..ilungen im Volk verbreiten. Die Islamfeindlichkeit ist bekanntlich in den Regionen am stärksten, wo kaum Muslime leben.

LAMYA KADDOR: Warum diskriminiert eine Mehrheitsgesellschaft überhaupt Minderheiten? Und warum die Deutschen? Man müsste doch meinen, gerade sie hätten aus ihren Erfahrungen gelernt. Eigentlich müssten die Deutschen inzwischen diejenigen sein, die am wenigsten anfällig dafür sind.

MICHAEL RUBINSTEIN: Vielleicht sind sie es. Dass so etwas wie die Schoah in Deutschland und nirgends sonst stattgefunden hat, lässt sich nicht komplett aus dem Gehirn der Menschen löschen. Der Antisemitismus in anderen Ländern – vor allem in Ungarn oder Frankreich – ist viel ausgeprägter, viel offener und brutaler als hier. Ich glaube, es liegt ein bisschen an der deutschen Eigenheit, das Glas eher halb leer als halb voll zu sehen. Sobald die Wirtschaft lahmt, geht die politische Zustimmung im äußeren linken und rechten Spektrum hoch. Der Deutsche scheint ein bisschen so veranlagt zu sein, dass er immer Angst um seinen Wohlstand und seinen Besitz hat. Das ist offenbar in unseren Genen drin. Ohne jetzt an Sarrazins leidige Gendiskussion anknüpfen zu wollen …

LAMYA KADDOR: Ja. Das lassen wir besser. Womöglich ist es auch ein Kennzeichen der menschlichen Existenz, der menschlichen Psyche, möglichst große Massen, also Kollektive, so stark zu vereinheitlichen, dass sie schnell in eine Schublade passen. Je mehr Muslime ich mit einem Adjektiv wie terroraffin oder rückständig erfassen kann, desto besser ist es oder desto einfacher wird der Umgang mit ihnen. Ich habe eine Gruppe, mit der kann ich »arbeiten« und muss mir keine Gedanken über umständliche, verkomplizierende und unübersichtliche Differenzierungen machen. Leute, die nicht zu den Einsortierten passen, werden kurzerhand zu Ausnahmen gestempelt, und so kann ich meine Klischees brav weiter pflegen. Richtig schlimm ist das, wenn manche Menschen dies bewusst einsetzen. Ich denke an unsere so genannten Islamkritiker. Sie dürfen muslimische Frauen als menschliche Pinguine beschimpfen wie Ralph Giordano und muslimischen Männern pauschal eine Neigung zur Sodomie unterstellen wie die Autorin Necla Kelek. Im Grunde sind die Aussagen an sich gar nicht einmal das Problem. Schlimmer ist, dass solche Leute bisweilen hofiert werden, selbst in seriösen Medien dürfen sie ihre Absurditäten äußern und trotz ihrer zum Teil gefährlichen Propaganda werden sie auch noch mit mehr oder weniger renommierten Preise ausgezeichnet. Davon geht ganz klar die Botschaft aus: Muslime beschimpfen ist nicht so schlimm. Fragt sich nur, was diese Botschaften dann bei den Menschen auslösen? Man muss nur in die Online-Kommentarspalten vieler Medienunternehmen schauen, um einen Eindruck von den herrschenden Vorurteilen oder dem bestehenden Hass mancher Menschen zu bekommen.

MICHAEL RUBINSTEIN: Es ist nicht nur Hass, der die Menschen zu komischen Kommentaren antreibt, einige denken einfach nicht nach, andere haben überhaupt kein Wissen über ihre Mitmenschen – entweder aus Versäumnis oder mangelndem Interesse. Man muss nicht alle die vielen verschiedenen Kulturen in Deutschland kennen, aber Grundwissen über Juden aufgrund ihrer Geschichte und über

Muslime – sie stellen immerhin die zweitgrößte Religionsgemeinschaft nach dem Christentum – halte ich schon für notwendige Allgemeinbildung. Als wir mit der Idee zu unserem Buch erstmals in der Presse waren, titelte eine Zeitung: »Warum tragen Juden Schäferlocken?«, also Schäfer- statt Schläfen-Locken. Bloß ein Lapsus? Vermutlich! Der Artikel stand aber ausgerechnet auf der Seite »Welt und Religion«, die von Fach-Redakteuren verantwortet wird.

VI. Gott und Allah in einer modernen christlich-abendländischen Gesellschaft

Bin ich einfältig? Ich frage mich das manchmal, wenn ich an Gott denke. Denn irgendwie muss die Vorstellung »Gott« ziemlich antiquiert sein, ein überholtes Gedankenkonstrukt. Die modernen Wissenschaften von der Paläontologie über die Biologie bis zur Philosophie haben eine Reihe guter Argumente geliefert, die Gott ziemlich alt aussehen lassen. Ich jedenfalls kann ihre Thesen nicht von der Hand weisen. Zudem sind sie omnipräsent. Deutschland ist ein säkulares Land. Ob in Schulen, im Bekanntenkreis oder in Fernseh-Talkshows – wer mit offenen Augen durch die Welt geht, kann an den Theorien dieser Forscher nicht vorbeikommen.

Und doch habe ich das Gefühl, Gott ist da, gibt mir Kraft und begleitet mich auf meinen Wegen. Gott ist so etwas wie »Medizin«. Manche Menschen brauchen sie in unterschiedlichen Dosen; zu viel ist ungesund, zu wenig reicht nicht. Manche Menschen brauchen diese »Medizin« vielleicht gar nicht und führen trotzdem ein ganz zufriedenes, ausgeglichenes und sinnvolles Leben. Meinen Beobachtungen zufolge sind Menschen in Wirklichkeit aber so gestrickt, dass sie sich irgendwann doch die Frage nach einem höheren Wesen stellen – manchmal erst unmittelbar vor ihrem Tod.

Von daher macht es mich schon ein wenig traurig, dass Gott für viele Menschen in Deutschland eine immer geringere Rolle spielt. Wenn ich anfange, von Gott zu sprechen, ernte ich bisweilen mitleidige Blicke, die mir zu sagen scheinen: »Arme Irre«. Manchmal bleibt es nicht bei mitleidigen Blicken: Manche Zeitgenossen reagieren mit latenter Aggressivität. So schleuderte mir jüngst jemand in einer Diskussion entgegen, er habe keinerlei Verständnis für »Gott, Glaube und derlei Blödsinn«. So viele Unschuldige haben in der Vergangenheit unter Menschen leiden müssen, die sich dieser »Einbildung« hingaben. Es folgten die in

118

solchen Debatten üblichen Hinweise auf die Opfer durch Kreuzzüge, Inquisition, Heilige Kriege und so weiter. Ein weiterer Mitdiskutant setzte die üblichen Hinweise auf die Opfer nicht-religiöser Gewalt etwa im Kommunismus oder Nationalsozialismus dagegen. Am Ende kam nichts dabei heraus: Es stand Aussage gegen Aussage. Im Namen der Religion wurden und werden Menschen unterdrückt. Diverse althergebrachte Glaubensvorstellungen müssen im Lichte der Wissenschaft neu betrachtet werden. Weder aus dem einen noch aus dem anderen kann man aber die Berechtigung ziehen, gläubige Menschen abzuwerten, nicht ernst zu nehmen, lächerlich zu machen, in ihren religiösen Gefühlen zu verletzen.

Neben den vielen schlimmen gibt es viele positive Erfahrungen mit Religion. Weltweit widmen Gläubige ihr Leben im Namen welcher Religion auch immer dem Dienst an ihren Mitmenschen, bemühen sich um Beistand für die Schwächsten, um friedliches Miteinander. Milliarden Menschen lebten und leben friedlich in den Tag hinein, und sind trotzdem tiefgläubig. Bei allem Respekt, den Agnostiker und Atheisten zu Recht für sich verlangen, scheint es mir inzwischen an der Zeit, auch den Respekt für gläubige Menschen einzufordern.

Glaube und Vernunft lassen sich nicht bis ins letzte Detail miteinander versöhnen, doch das ist auch nicht nötig. Der Mensch ist keine Maschine, in der alle Rädchen wie geschmiert ineinandergreifen müssen, um zu existieren. Wir brauchen wieder mehr Bescheidenheit. In der modernen Welt fehlt uns allen etwas, das beispielsweise in der Religion des Islam tief verankert und nach wie vor präsent ist: Die Überzeugung, dass der menschliche Verstand eben nicht alles begreifen kann. »Und Gott weiß es am besten«, heißt es stets am Ende klassischer theologischer Schriften. Es ist keine Schande und auch kein Zeichen von Dummheit, wenn man nicht alles weiß, nicht alles erklären kann. »Mut zur Lücke«, könnte man der Gesellschaft zurufen. Menschen können Widersprüche aushalten. Wichtig ist allein die Suche, das Streben nach Wissen, denn dazu hat Gott uns mit dem Rüstzeug Verstand ausgestattet beziehungsweise er lässt es geschehen, dass Menschen ihren Verstand benutzen.

Es geht folglich nicht um die Entscheidung Schöpfungsgeschichte oder Evolution. Darwin hat überzeugende Argumente vorgebracht, aber deshalb muss Gott nicht gleich tot sein. Nur weil Teile Heiliger Schriften nicht wortwörtlich zutreffen, wird nicht gleich jeder Gedanke, der sie betrifft, hinfällig. Schriften sind immer ein Produkt ihrer Entstehungszeit. Sie basieren auf dem Wissensstand der Menschheit im jeweiligen Augenblick der Geschichte. Das gilt auch für göttliche Offenbarungen, und zwar nicht, weil Gott es nicht besser wüsste, sondern weil der Mensch, der Empfänger der Botschaft, nur so viel verstehen kann, wie es ihm der Wissensstand seiner Zeit erlaubt.

Glaube und Vernunft, die über die Wissenschaft stets weiter geformt werden, müssen nicht verschmelzen. Sie können nebeneinander existieren, wenn keine Seite mit einem Absolutheitsanspruch auftritt. Weil das vermutlich für die Mehrheit der Menschen, die an Gott glauben, und für die Mehrheit der Menschen, die nicht an Gott glauben, allerdings ein existenzielles Problem zu sein scheint, bleibt noch viel zu tun.

Für mich besteht diese Arbeit in Aufklärung – eine Aufklärung, die sich aus der christlich-abendländischen Geschichte zusammen mit der islamisch-morgenländischen Geschichte speist. Dass das Nebeneinander von Wissenschaft und Glaube funktionieren kann, hat nachgerade die islamische Geschichte gezeigt: Die Religion des Islam war Zeit ihres Bestehens ein vitaler Glaube. Über alle Jahrhunderte wurden unzählige bemerkenswerte theologische Schriften verfasst. Parallel dazu wurden sowohl weltliches Wissen geschaffen, das die gesamte Menschheit vorangebracht hat, als auch Maßstäbe an künstlerischer Ästhetik gesetzt vor allem im Hinblick auf Sprache und Dichtung. Sicherlich kam es dabei auch zu Konflikten zwischen Vertretern der einzelnen Betätigungsfelder, an der grundsätzlichen Tendenz des gegenseitigen Tolerierens änderte sich bis ins 18./19. Jahrhundert nichts – dann fielen die Engländer und Franzosen ein und brachten ihre Ideen des republikanischen Laizismus und des viktorianischen Puritanismus mit. Mein Professor an der Universität, Thomas Bauer, spricht für die klassisch-islamische Zeit von einer außergewöhnlichen Ambiguitätstoleranz – also der Fähigkeit, Widersprüche auszuhalten. Er belegt in seinem jüngsten Buch, wie genau das für Muslime über Jahrhunderte handlungsleitend war. In dieser Hinsicht können wir also auch heute in Deutschland durchaus etwas von der Geschichte des Islam lernen.

Und wir können noch mehr lernen: Im Arabischen sagen die Menschen »Allah« – und zwar Muslime genauso wie Christen und Juden. Im Deutschen sagen wir: Gott, Allah und Jehova. Das wirft zwangsläufig die Frage auf: Warum? Unterschiedliche Begriffe sind dazu da, etwas Unterschiedliches zu bezeichnen. Theologisch unstrittig ist jedoch, dass Judentum, Christentum und Islam eine Reihe bilden und dass sich der eine Gott, wenn man so will, als roter Faden hindurch zieht. Er erhält zwar in allen drei Religionen unterschiedliche Zuschreibungen, aber an ihm als Projektionsfläche ändert sich nichts.

In theologischen Diskussionen kann es Sinn ergeben, unterschiedliche Begriffe zu benutzten. Im Alltag erschließt sich mir der Sinn dieser Differenzierung nicht. Sie sorgt vorwiegend für Abgrenzung, manchmal für Ausgrenzung. Verächtliche Aussprüche wie: »Ihr und euer Allah«, die mir mitunter über den Schulhof entgegenschallen, verdeutlichen dies. Sprüche wie diese sollen Distanz schaffen, Hierarchien aufbauen und ganze Gruppen abwerten. Von dieser akuten »Differenzitis« sind alle gleich betroffen: Auch Muslime betonen immer wieder, sie glaubten an Allah, nicht an Gott, und Juden unterscheiden ebenso. Es geht mir hier nicht um Gleichmacherei. Jedem Menschen ist völlig klar, dass Muslime keine Juden sind, Juden keine Christen, Christen keine Muslime. Es weiß auch jeder, dass Juden und Christen nicht an Mohammed glauben und Muslime, Jesus nicht für Gottes Sohn halten. Auch dass Juden, Christen und Muslime Gott jeweils anders anbeten, ist kein Geheimnis. Wozu ist also eine zusätzliche begriffliche Unterscheidung für die gemeinsame Quelle des Ganzen, nämlich Gott, nötig?

Ein Unterscheidungspunkt weniger, das würde auch Muslimen untereinander gut tun. Wendet man sich nämlich dem Gott im Islam zu, betritt man ein Kampffeld. In einer Religion, die keine universellen Autoritäten kennt, gehört der Deutungskampf bis zu einem gewissen Grad zur Normalität. Zu viele Gläubige tun aber so, als könnten tatsächlich sie selbst Gott Attribute zuschreiben und diese für umfassend und allgemeingültig erklären. Jeder, der dann etwas anderes sagt, liegt im besten Fall falsch, im schlimmsten Fall wird er zum Renegaten erklärt. Während die einen in Gott den strafenden, auf Gesetzen pochenden Richter sehen, pochen die anderen auf den barmherzigen, alles verzeihenden

Schöpfer. Auch hier liegt die Wahrheit in der Mitte, denn selbstverständlich kann man Gott als strengen und rachsüchtigen »Erbsenzähler« charakterisieren, aber nur durch Ausblenden anderer Koranverse. Auf die gleiche fehlerhafte Weise kann man Gott auch gegensätzlich beschreiben.

Viele Debatten unter Muslimen in Deutschland konzentrieren sich auf Gott als Gesetzeshüter, der einzelne Verhaltensweisen erlaubt oder verbietet, andere für erwünscht oder verpönt erklärt und die ihm einerlei sind. Häufig stehen sich dann zwei Seiten gegenüber, die sich rechthaberisch wie kleine Kinder geben. Die einen fangen an zu dozieren, Gott bestraft den Verzehr von Gummibärchen, da die Grundlage dieser Süßigkeit Gelatine aus Schweineknochen ist und Gott Schweine vom Verzehr ausgeschlossen hat. Die anderen erklären das für Unsinn und argumentieren, die Schweineknochen seien durch die Verarbeitungsprozesse bei der Herstellung von Gelatine bis zur Unkenntlichkeit verändert worden. So wird der Ball hin und her gespielt und am Ende kommt nichts dabei heraus. Jeder beharrt auf seiner Auffassung – was nachgerade auch ganz gut so ist.

Gott hat zwar Gesetze aufgestellt, und sie sind auch zu beachten. Allein das komplette Verhalten eines Menschen zu sezieren und in seine einzelnen Bestandteile zu zerlegen, diese dann an vermeintlich göttlichen Maßstäben zu bewerten und schließlich das sklavische Einhalten der gefundenen Regeln auf Punkt und Komma zu überwachen wird aber »dem« Islam nicht gerecht. Wenn dem so wäre, hätte die Religion niemals ihr reichhaltiges mystisches Schrifttum hervorgebracht. Millionen Sufis wurden vom Koran und vom Propheten Mohammed in ihrer Suche nach wahrer Liebe zu Gott inspiriert. Eine von ihnen war Rabia al-Adawiyya im 8. Jahrhundert. Ihre Vorstellungen werden in einer überlieferten Anekdote sehr schön auf den Punkt gebracht: Einmal ging sie durch die Straßen ihrer Heimatstadt. In der einen Hand trug sie einen Eimer Wasser und in der anderen eine brennende Fackel. Die Leute fragten sie, was sie damit vorhabe. Rabia antwortete: »Ich will Feuer ans Paradies legen und Wasser in die Hölle gießen.« In ihren Augen sollten die Menschen Gott um seiner selbst willen lieben, und nicht aus Angst vor seinen Strafen oder wegen der Hoffnung auf eine Belohnung im Jenseits.

Nicht alle Menschen können mit solchen Vorstellungen etwas anfangen. Manche brauchen feste Regeln, die ihnen Kraft geben. Sie finden Halt darin, bestimmte Vorgaben akkurat und diszipliniert zu befolgen, und deshalb darf ihnen das niemand nehmen. Ihre Vorstellungen sind zu respektieren. Genauso wenig darf man umgekehrt Menschen, die in der Religion mehr als Gesetze sehen wollen, diese Möglichkeit nehmen. Vielfalt – im Grund macht sie das Wesen der Religion des Islam aus.

Unglücklicherweise wird heute in den etablierten Moscheen in Deutschland und zum Teil in den Schulen in der Regel ein einseitiges Bild von Gott vermittelt, das ihn als Richter hervorhebt. Kein Mensch kennt die göttliche Wahrheit. Dennoch wird der Islam hier so gelehrt, als sei über Gott alles klar. Als gäbe es die eine Lehre. In der Praxis entspricht sie den Auffassungen der Türkisch-Islamischen Union der Anstalt für Religion e.V. (DITIB), des Islamrats für die Bundesrepublik Deutschland, des Verbands der Islamischen Kulturzentren (VIKZ) und des Zentralrats der Muslime in Deutschland e.V. (ZMD), weil die deutsche Politik entschieden hat, sich allein an diese vier größten Dachverbände zu binden, obwohl diese nur einen Teil der Gläubigen aus dem konservativen Glaubensspektrum des Islam abdecken.

Wenn man das theologische Erbe ernst nähme, würde sich gerade die Glaubensvorstellung im Islam sehr gut mit der Moderne in Einklang bringen lassen. Das Gottesbild im Islam ist flexibel. Der Islam hat lediglich einen Kern – die Schahada, das Glaubensbekenntnis –, nicht mehr und nicht weniger: »Ich bekenne, dass es keinen Gott gibt außer Gott, und Mohammed ist sein Prophet.«
Lamya Kaddor

LAMYA KADDOR: Kennst du das, was ich geschildert habe, dass man sich ein bisschen blöd vorkommt, wenn man von Gott spricht?

MICHAEL RUBINSTEIN: Ja, obwohl ich ein aufgeklärter Mensch bin und nicht abstreite, dass es eine Evolution gibt, ist Gott für mich der Schöpfer der Welt. Wer gar nicht religiös geprägt ist, kann das vielleicht nicht zusammenbringen. Für mich gibt es Dinge, die wir Menschen nicht erklären können. Ob Gott alles lenkt, weiß ich nicht, aber er beobachtet und schickt manchmal kleine Signale. Das könnte man als Zufall bezeichnen. Ich glaube aber, dass es seine höhere Macht ist. Dabei kann es sich um ganz banale Dinge handeln: Jüngst ist an meinem Auto vorn rechts die Radkappe abgefallen. Ich bin zur Werkstatt gefahren, weil mir der Reifen so nackt nicht gefiel. Der Mechaniker sagt zu mir: »Der vordere Reifen ist völlig in Ordnung, aber hinten rechts steckt eine Schraube im Profil. Der Reifen wäre ihnen bei nächster Gelegenheit geplatzt. Das hätte böse enden können.« Das geschah genau in einer Woche, in der ich sechsmal durchs halbe Ruhrgebiet hätte fahren müssen. Da frage ich mich: Warum fällt gerade jetzt die Radkappe ab? Zufall oder Schutzengel? Ich habe einen ganz persönlichen Bezug zu Gott. Ich klage ihn an, frage ihn: Warum sind manche Dinge in meinem Leben so, wie sie sind? Zugleich kann ich aus der Überzeugung von seiner Existenz Stärke ziehen. Wenn ich zu Jom Kippur, dem Versöhnungstag, um Vergebung meiner Sünden bitte, dann merke ich, da ist jemand, an den ich mich wenden kann. Hast du Gott heute in deinem Leben gespürt?

LAMYA KADDOR: Ja, ich sah ihn nach dem Aufwachen in den Augen meines Sohnes, als ich dachte: »Er ist gesund. Gut, dass er gesund ist. Das freut mich!« Und ich habe ihn dann in der Stimme meiner Tochter gehört, die so fröhlich in ihrem Zimmer vor sich hin sang … Für mich ist Gott im Grunde allgegenwärtig. Er hat kein Gesicht, keine Gestalt. Für mich gibt es auch keinen Ort, wo er sich befindet. Ich war seit der Kindheit lange geprägt davon, dass Gott strafend ist. Er wurde bei uns zuhause oft als erzieherisches Mittel eingesetzt. Das fand ich damals bereits unangenehm. Heute würde ich so eine schwarze Pädagogik selbst nie anwenden. Ich hadere auch, klar. Es wäre kein gesunder Bezug, wenn man Gott allzu demütig entgegentreten würde. Es hat etwas Lebendiges, wenn man jemanden fragen, kritisieren kann, warum bestimmte Dinge im Leben so laufen, wie sie laufen. Wie stellst du dir Gott vor?

MICHAEL RUBINSTEIN: Er ist bei uns definitiv männlich. Er ist der erste, der heiligste. Man darf nicht einmal seinen Namen aussprechen. Als ich als Geschäftsführer unserer Gemeinde angefangen habe, gab es einen liberalen Rabbiner, der schrieb den Namen Gott immer aus. Ich bin es gewöhnt, »G'tt« zu schreiben, weil man Gottes Namen auch nicht ausschreiben darf. Ich fragte den Rabbiner:»Wieso schreiben sie den Namen aus?« Er meinte:»Nun, der Name Gott auf Deutsch, das ist nicht sein Name, das ist seine ›Berufsbezeichnung‹. Deswegen kann man es schreiben.« Wenn ich den Namen Gottes ausspreche, sage ich Gott. Ich nehme also die deutsche Form und benutze nicht die hebräische. Wenn ich in einem Hebräischen Kontext von ihm spreche, spreche ich von HaSchem – das heißt einfach: der Name. Ich spreche den Namen Gottes, so wie er geschrieben steht, nicht aus. So bin ich sozialisiert worden.

Man kann bei vielen religiösen Dingen fragen: Ist das heute noch aktuell? Andererseits: Wie viel Wasser kann ich in eine Weinschorle gießen, damit sie noch nach Wein schmeckt? Es ist sehr, sehr schwierig zu reformieren und zugleich wichtig, es zu tun, damit wir die Menschen nicht verlieren, die Religion auf kritischere Art betrachten. Aber wo hört das auf? Wer definiert die Kernelemente? Im Judentum gibt es keine Oberinstanz, keinen »Stellvertreter Gottes auf Erden«. So etwas widerstrebt dem Judentum elementar. Und so muss jeder für sich selbst entscheiden, was für ihn richtig und wichtig ist oder eben nicht beziehungsweise nicht mehr. Aus jüdischer Sicht sind wir alle Gottes Ebenbild. Wir sind seine Kinder und sein Volk. Von daher haben wir die Verpflichtung, seine Gebote und Verbote einzuhalten. Gott gibt uns in unseren Entscheidungen freie Hand. Wir sind für unser Verhalten selbst verantwortlich und werden von Gott als Richter gerichtet.

LAMYA KADDOR: Ist es dir in der Öffentlichkeit auch manchmal peinlich, über Gott zu reden?

MICHAEL RUBINSTEIN: Da ich kein Theologe bin, spreche ich nie abstrakt über Gott. Allerdings finde ich, dass wir Werte in unserer Religion haben, die es wert sind, besprochen zu werden. Von daher rede ich persönlich durchaus gern von Gott, auch wenn ich nirgends hingehe und rufe:»Let's praise the Lord!« Ich bin kein Eiferer, der die Gottesbotschaft verkündet, das verlangt auch mein Beruf nicht von mir. Es ist aber ein verbreitetes Problem, wenn man mit Menschen über Religion spricht. Die meisten haben wenig Ahnung von der eigenen Religion, was sie nicht davon abhält, über andere Religionen zu reden und zu urteilen.

Es geht mir nicht immer leicht von der Hand, Fragen zu Gott zu beantworten. Gerade wenn man das Thema Schoah sieht – natürlich bekommt man die Frage gestellt: »Wo war Gott damals?« Und darüber muss man auch diskutieren. Aus freien Stücken gehe ich aber selten hin und sage: »Hey, lass uns eine Diskussion über Gott führen.«

LAMYA KADDOR: Und wo war Gott im Holocaust?

MICHAEL RUBINSTEIN: Dazu kann man keine eindeutige Antwort finden. Zunächst kann man feststellen, Gott hat das jüdische Volk früher schon gestraft. Man denke an die Sintflut. Wer aber den Standpunkt vertritt, Gott habe das jüdische Volk mit der Schoah strafen wollen, muss sich fragen, was war denn das Vergehen des jüdischen Volks? Manche sind hier mit Antworten schnell zur Stelle – zu schnell. Denn wenn man etwa sagt, das jüdische Volk sei vom Glauben abgefallen, woran will man das festmachen? Und wenn wir heute vom Glauben abfallen, was wäre die nächste Strafe? Das Thema ist schwierig. Manchmal kommt Glaube schlicht an seine Grenzen. Meines Erachtens wird sich Gott etwas dabei gedacht haben, etwas, das wir nicht nachvollziehen können. Gott ist halt Gott. Wir können ihn nicht immer verstehen. Das gilt im Grund ebenso für die Frage nach dem Absolutheitsanspruch einer Religion. Glaube ist eigentlich die Überzeugung, die Wahrheit zu kennen. Wie kann man dann andere Religionen – das deutest du ja auch in deinem Eingangs-Statement an – für richtig halten? Rein logisch müssen die anderen, die etwas anderes behaupten damit falsch liegen. Wie gehst du in der Praxis damit um?

LAMYA KADDOR: Ich glaube an den Islam und relativiere den Wahrheitsanspruch. Ich setze ihn nicht absolut. Das heißt: Für mich ist der Islam die beste Religion, aber er muss deshalb nicht zwangsläufig für jeden Menschen die beste Religion sein. Solange ich das für mich beanspruchen darf, solange mir diese Freiheit nicht genommen wird, gehen mich andere Überzeugungen im Grund nichts an. Siehst du das anders?

MICHAEL RUBINSTEIN: Bei uns steht geschrieben: »Wir sind das Volk unter den Völkern.« Das impliziert zwar, dass es auch andere Völker gibt und der Schöpfergott tolerant und gnädig sein muss. Religiös haben wir aber nun mal den Anspruch eines Alleinstandsmerkmals, das uns zu verstehen gibt: Nur wir liegen richtig. Dem »auserwählten Volk« anzugehören bedeutet für mich zunächst einmal nur, dass Gott sich das jüdische Volk ausgesucht hat als sein Volk. Er hat gesagt: »Die Juden, denen schenke ich meine schützenden Hände und meine Regeln. Und danach sollen sie leben.«

LAMYA KADDOR: Aber dann heißt das automatisch, alle anderen stehen unter den Juden?

MICHAEL RUBINSTEIN: Möglicherweise sind sie weniger privilegiert als wir, aber niedriger gestellt sind sie nicht. Nimmt man mal die drei großen monotheistischen Religionen, so war es letztlich ein Jude, der eine neue Religion begründet hat. Später folgte der Islam. Sowohl dessen Basis als auch die des Christentums ist das Judentum. Ich würde zwar nicht sagen, dass beides eine Fortentwicklung sei – das klänge so, als ob wir Juden rückständig wären –, aber es gibt schon enge Anknüpfungspunkte, die uns aneinander binden. Abgesehen davon ist das eine theologische Frage, die nur bedingt im wahren Leben eine Rolle spielt. Der Mensch ist nicht nur religiös geprägt. Er hat eine wissenschaftliche und soziale Bildung genossen. Stichwort: Menschenrechte. Das hat uns gelehrt, dass man die vermeintlichen Widersprüche des Auserwähltseins und der Gleichberechtigung aller anderen zusammenbringen kann. Ich für meinen Teil würde festhalten: Das Judentum ist meine Religion. Ich bin davon überzeugt und würde nie eine andere Religion annehmen. Trotzdem gehe ich nicht hin und erkläre den einen Glauben für falsch und meinen eigenen für richtig. Ich betone die Unterschiede, hebe das Trennende hervor und akzeptiere mit Respekt, dass es andere Überzeugungen gibt.

LAMYA KADDOR: Also dieser pauschale Gedanke fällt mir schwer. Ich kann mir nicht vorstellen, dass Gott sich ein Volk auserwählt, um es dann besonders zu prüfen. Jeder einzelne Mensch mag sich irgendwann in seinem Leben besonders auserwählt oder besonders geprüft gefühlt haben. Dass es aber ganze Völker sein sollen? Das müssen wir dann wohl so stehen lassen, da kommen wir nicht zusammen. Ist der Gott im Judentum und im Islam für dich eigentlich derselbe?

MICHAEL RUBINSTEIN: Letztendlich gibt es nur einen Gott. Ergo ist es der gleiche. Wir sind Geschwister, Halbgeschwister zumindest. Der entscheidende Unterschied zwischen Islam und Judentum ist für mich, dass die jüdischen Gesetze alle von Gott gegeben sind. Bei uns heißt es immer: »Gott hat gesagt ...« Unsere Propheten, wenn wir sie Propheten nennen, stellen etwas anderes dar. Sie waren nur Gottes rechte Hand oder sein Sprachrohr, aber sie haben die Religion nie geprägt. Diesen Menschbezug wie bei Muhammad gibt es bei uns nicht. Muhammad spielt für mich in meinem Glauben keine Rolle, aber ich weiß und akzeptiere, dass er im Islam eine entscheidende Funktion hat. Das ist der Toleranzgedanke, den ich in mir trage. Daran zweifle ich nicht, auch an der Existenz Muhammads zweifle ich nicht. Sind mein Gott und dein Gott für dich derselbe?

LAMYA KADDOR: Ja, das hab ich ja angedeutet, da bin ich mir ganz sicher. Ich glaube, wir haben einfach nur andere Zugänge zu ihm. Aber selbst beim Gottesverständnis fällt es mir relativ schwer, einen ganz großen Unterschied auszumachen.

MICHAEL RUBINSTEIN: Nun, warum bist du dann nicht Jüdin oder wirst heute oder morgen eine?

LAMYA KADDOR: Dann hätte ich noch mehr zu kämpfen als jetzt. Ich würde mit den gleichen Maßstäben ins Judentum wechseln, mit denen ich an den Islam herangehe. Das Judentum hat bekanntlich noch viel mehr Vorschriften, an denen es seit Jahrhunderten festhält. Das würde bedeuten, dass ich mich mit weitaus mehr Aspekten beschäftigen müsste, von denen man sagen muss: Die ergeben heute keinen Sinn mehr. Die müsste man reformieren. Abgesehen davon bin ich nun einmal davon überzeugt, dass der Koran die neuere Offenbarung Gottes ist. Außerdem gibt es bei euch Muhammad nicht, und ich glaube nun mal, dass er ein Prophet ist. Dennoch würde ich religiös eher zum Judentum tendieren als zum Christentum. Tatsächlich übertreten würde ich aber auch nicht, weil ich überzeugt bin – damit will ich dem Judentum jetzt kein Unrecht tun, sondern eher für den Islam sprechen –, dass die Ratio des Menschen und auch der Gebrauch der Ratio im Koran besonders hervorgehoben wird. Ich persönlich kann einen Glauben nur kritisch und im Wechselspiel mit der Fortentwicklung der menschlichen Existenz verstehen. Man muss Glauben kritisch und bewusst leben – und genau das ermöglicht mir nur der Islam. Es gibt im Judentum 613 Gebote, wie viele hältst du davon ein?

Michael Rubinstein: Die allerwenigsten. Aber das stört mich nicht. Ich habe kein schlechtes Gewissen, weil für mich Glauben eine individuelle Sache ist. Ich bin überzeugter Jude. Mein Verständnis definiert sich aus dieser tiefen inneren Zuneigung zu meiner Religion, nicht durch die Frage, ob ich einen hundertprozentig koscheren Haushalt führe oder nicht. Ich besuche den Gottesdienst, ich halte zu gewissen Feiertagen die Vorschriften exakt ein. Aber mein Alltag wird nicht primär durch die Einhaltung der Gebote und Verbote bestimmt. Für meinen Geschmack skizzierst du Gott aber zu sehr als eine Art Erbsenzähler – salopp formuliert. Er hat uns einen Leitfaden an die Hand gegeben. Man kann darüber philosophieren, ob es heute noch angemessen ist, für jede Lebenslage ein Gebot oder Verbot zu haben. Aber im Prinzip ist das etwas Sinnvolles, wenn man einen Wertekanon hat. Was die Menschen daraus machen, ist das Wichtige. Vielleicht kann man es als Gängelei auffassen, dass man etwa die Koscher-Regeln einhalten soll, doch das ist wiederum Religion. Zudem wurden uns die Regeln zu einer anderen Zeit gegeben. Da kann man nicht immer mit dem heutigen Verstand darangehen und sagen: »Dies und das ist nicht mehr modern, da fühle ich mich gegängelt.« Abgesehen davon ist das Judentum heute so flexibel, dass viele Juden sich herausnehmen können, was sie theologisch für sinnvoll erachten. Der Rabbiner

Michael Goldberger, seligen Angedenkens, hat mal in einer schönen Predigt gesagt:»Juden, die nur einmal zu hohen Feiertagen zum Gottesdienst erscheinen, aber das jedes Jahr, gehen auch regelmäßig in die Synagoge.« Ich glaube, da haben wir schon eine gewisse Toleranz zu sagen, wir bewerten einen Juden nicht danach, wie viele von den 613 Geboten und Verboten er einhält.

LAMYA KADDOR: Da muss ich widersprechen. Gerade weil uns die Gesetze vor langen Jahren gegeben wurden, muss man sie mittels hermeneutischer Vorgehensweise ins Hier und Jetzt holen. Es gibt natürlich Gebote, die kann man nicht zeitgemäß machen. Dabei handelt es sich vor allem um Regelungen, die das Verhältnis von Gott und Mensch betreffen. Grundfeste im Glauben gibt es auch im Islam. Der absolute innere Kern ist das Glaubensbekenntnis. Die anderen vier Säulen, das Gebet, das Fasten, das Almosengeben, die Pilgerfahrt sind auch noch tragende Element. Das Gebet bleibt das Gebet. Niemand kann hingehen und sagen, weil es unter sehr modernen Gesichtspunkten unmodern sei, höre man auf zu beten. Aber es gibt zahlreiche Gebote, die das Verhältnis von Menschen zu Menschen zum Inhalt haben. Und diese sind durchaus verhandelbar. Wir müssen uns sogar die Frage stellen, inwiefern Regelungen für Gesellschaften, die vor 1400 Jahren in einer völlig anderen Welt – nämlich der Arabischen Halbinsel – erstmals ausgesprochen wurden, heute noch Sinn haben. Vieles davon ist überholt; wenn ich es heute anwenden würde, ist es anachronistisch. Denk nur an den Umgang mit Frauen. Die Rolle der Frau ist doch heute nicht mehr die gleiche wie damals. Und das bedeutet: Wenn die Rolle der Frau überdacht wird, muss auch das Erbrecht überdacht werden, das Frauen weniger zuspricht als Männern, weil diese dereinst unbestritten als alleinige Ernährer ihrer Familien galten. Gott hat keine Gebote oder Verbote erlassen, ohne dass sie den Menschen dienlich gewesen wären. Nach diesem Dienlichkeitscharakter haben wir heute zu fragen. Und wenn wir nicht mehr die gleichen Umstände feststellen können wie vor 1400 Jahren, wie kann uns ein Gebot dann heute noch dienlich sein? Das klingt in den Ohren vieler konservativ Gläubiger wie Frevel, wie unerlaubte Erneuerungen; aus klassisch islamischer Sicht gehören Menschen, die Religionspraktiken erneuern, in die Hölle. Wer sich aber reinen Gewissens an diese Aufgabe der Neubewertung macht, kann meiner Ansicht nach nicht in die Hölle kommen. Der Mensch im Islam ist aufgerufen, stets nach Wissen in der Religion zu suchen. Dabei stößt er zwangsläufig auf unterschiedliche Meinungen …

MICHAEL RUBINSTEIN: … und vermutlich auch auf viel Widerstand. Das würden sicher nicht alle Muslime unterschreiben. Ich tu mich zum Beispiel auch schwer, wenn man in manchen liberalen Gemeinden zu Pessach, wenn wir nichts Gesäuertes essen dürfen, jeder alles mitbringen darf. Das hat für mich nichts mit liberal zu tun. Liberal heißt nicht beliebig, sondern dass man gewisse Grundpfeiler anerkennt und sich die Fundamente ein bisschen auf die eigenen Bedürfnisse zuschneidet. Wir in unserer Gemeinde haben einen liberal ausgerichteten Rabbiner, obwohl wir eine konservative Gemeinde sind. Wenn drei Viertel der Gemeindemitglieder nicht orthodox sind, macht es jedoch keinen Sinn, zwanghaft an der Orthodoxie bis ins letzte Detail festzuhalten. So erreiche ich die Menschen nicht. Dennoch halten wir selbstverständlich die Speisegesetze ein, wir wollen schließlich, dass jeder Orthodoxe in unserer Gemeinde essen kann. So finden wir einen Weg für unsere Mitglieder, aber auch für die Allgemeinheit. Das wird nicht jedem gefallen, aber leere Gotteshäuser würden vielen auch nicht allen gefallen. Ich könnte mir vorstellen, das sind traumhafte Verhältnisse aus deiner muslimischen Sicht.

LAMYA KADDOR: Ja, zum Teil schon. Ich glaube, dass die innerjüdische Toleranz wirklich größer ist als die innermuslimische. Was sicherlich an der Geschichte des Judentums und am Zusammenhalt unter Juden liegt. Ich glaube, wenn wir etwas mehr von diesem Respekt füreinander hätten, würde es uns besser ergehen. Ich weiß, dass es unter Juden genügend Dispute gibt, ich will das nicht romantisieren. Man muss meine Positionen nicht teilen, ganz und gar nicht, aber mit was für einer Aggressivität Muslime einander zum Teil angehen, gerade auch wenn eine Frau etwas vertritt, das ist schon … da wünschte man sich beinah, nicht Muslima zu sein.

MICHAEL RUBINSTEIN: Das »jüdische Volk« – allein der Begriff, deutet einen gewissen Zusammenhalt an. Da hast du schon recht. Wir sind das jüdische Volk. Es gibt Unterschiede, aber wir verstehen uns nicht allein als Glaubensgemeinschaft, sondern tatsächlich als Brüder und Schwestern. Allerdings geht man innerhalb eines Volkes auch manchmal besonders brutal miteinander um, was andere dann wieder zusammenschweißt. Und natürlich habe ich auch schon mal eine verbal aggressive Auseinandersetzung um theologische Positionen erlebt. Aber diese Diskussionen sind wichtig. Im Judentum gibt es die Regel: Man ist Jude, wenn man zum Judentum konvertiert oder wenn die Mutter Jüdin ist. Das ist kein Gesetz, das in der Thora steht, das haben die Rabbinen im 12. Jahrhundert so entschieden, weil man mit Gewissheit nur sagen konnte, wer die Mutter ist. Heute gibt es Rabbiner, die sagen, im Zeitalter von DNA-Vaterschaftstests ist diese Regelung überholt. Bei Jugendkongressen jüdischer Organisationen beispielsweise gibt es zum Teil heftige Diskussionen, ob Leute teilnehmen dürfen, die »nur« einen jüdischen Vater haben und nach traditioneller Auffassung keine Juden sind. Man glaubt kaum, welche Diskussionen entstehen, wenn dann ein im engeren Sinne jüdischer Junge eine im weiteren Sinne jüdische Frau kennenlernt. Solche Debatten werden relativ oft geführt. Vor allem geht es darum, ob wir der Mischehenrate, die sowieso unglaublich hoch ist, noch Vorschub leisten wollen. Es ist wirklich erstaunlich, mit welcher Intensität und Intoleranz diese Debatten bisweilen geführt werden. Möglicherweise aber trotzdem weniger scharf als unter Muslimen. Wie gehst du eigentlich damit um, dass man dauernd innermuslimische Kämpfe ausfechten muss?

LAMYA KADDOR: Die inhaltliche Diskussion ist nicht das Problem. Wenn jemand theologisch argumentieren will oder streiten will, ist das in Ordnung. Natürlich kann man über Inhalte streiten. Das ist auch gut. Ich wäre froh, wenn wir das öfter täten. Bei uns laufen die Diskussionen in der Regel nur leider so ab, dass man schnell persönlich angefeindet wird. Das Gegenüber wird als unqualifiziert als moralisch schlechte Person abgetan, um unliebsame Positionen zu schwächen oder möglichst gleich ganz zu vernichten.

Ich glaube, das ist zum einen eine Mentalitätsfrage und eine Frage, inwiefern man es gewohnt ist, über Religion zu debattieren. Letzteres sind Muslime schlichtweg nicht. Ich sage das jetzt einmal ganz allgemein und meine: heutzutage nicht, sie waren es lange Zeit in ihrer Geschichte. In meinem persönlichen Fall hat das aber wie gesagt auch mit dem Frauenbild vieler Männer zu tun. Ich glaube, wenn ich meine Haltungen als Mann darlegen könnte, würde man ganz anders auf mich eingehen.

MICHAEL RUBINSTEIN: Was ist eigentlich, wenn Gott am Ende doch ein »Erbsenzähler« ist und uns nach eingehaltenen Geboten und Verboten aburteilt?

LAMYA KADDOR: Dann wird er wohl feststellen, dass eine überwältigende Mehrheit aller Menschen sich nicht an seine Vorgabe halten konnte. Ich glaube aber definitiv nicht, dass Gott so denkt und lenkt. Ich glaube, man kann Gottes Wohlgefallen und das endgültige Heil auf diesem Weg erlangen, aber es ist nicht der einzige Weg. Man kann Gott auch durch Aufrichtigkeit, durch Dankbarkeit, durch Demut nahe kommen. Wofür haben wir einen funktionierenden Geist, wenn wir nur stumpf Regeln befolgen sollten? Die fundamentalistische Haltung, hundertprozentig alles einzuhalten, ist aus meiner Sicht schlicht zu simpel. Gott wächst oder schrumpft nicht, wenn ein Mensch regelmäßig oder unregelmäßig betet. Das Gebet ist den Menschen auferlegt worden, weil es sie weiterbringen soll. Gott hat ihnen quasi eine Art Meditation anempfohlen. Man betet nicht für Gott, sondern für sich selbst.

Wir könnten uns fragen, warum Gott nicht einfach einen neuen Propheten schickt, um offene Fragen zu klären. Weil er sonst immer wieder irgendwelche Leute schicken müsste. Die Fragen sind ja nie beantwortet. Sie sind immer nur eine bestimmte Zeit lang beantwortet. Dann tauchen mit dem Fortschritt neue Fragen auf. Abgesehen davon: Würden wir seine Propheten denn noch erkennen? Wie sollte er sich in Zeiten des Internets, in denen die ganze Welt vernetzt ist, zu erkennen geben, ohne als Spinner verkannt zu werden. Also irgendwann muss der Mensch es begreifen. Entweder er kommt auf den Fundus der Prophetengeschichten zurück und versteht, im Grunde genommen gibt es darin Motive, die immer wieder in unserem Leben vorkommen, oder er begreift es halt nicht und stellt sich genau diese Frage: »Warum schickt Gott nicht jemand neues?« Muhammad ist das Siegel der Propheten. Gott weiß schon, warum es so sein soll. Religion funktioniert nur im Wettstreit der Positionen. Sie ist nur deshalb erfolgreich, weil man sie so unterschiedlich auslegen kann. Sonst hätte die jeweilige Religionsgemeinschaft unmöglich so viele Anhänger. Religionen funktionieren in »aufgeklärten« Gesellschaften nicht dadurch, dass man sie auf eine Sichtweise beschränkt. Das ist allenfalls ein Pyrrhussieg für ein paar selbsternannte Religionsführer. Religion muss auslegbar sein. Wir Menschen sind so unterschiedlich, wir könnten uns andernfalls nicht auf sie einlassen.

Michael Rubinstein: Schon vom Verständnis her geht es nicht ohne Exegese. Unsere Thora ist vereinzelt so kryptisch geschrieben, dass man sie interpretieren muss, und das Judentum als Religion ist auch im Jahr 5773 noch lebendig, weil immer wieder diskutiert und interpretiert wird. Nimm das Beispiel der Frauen: Sie sollen, wenn sie verheiratet sind, ihre Haare/ihre Reize bedecken, um anderen Männern zu zeigen, man ist schon vergeben – »Du sollst nicht begehren deines Nächsten Weib«. Heute tragen orthodoxe Frauen Echthaarperücken. Sie kommen damit dem Gebot nach und machen es lebendig. Gewiss werden einige einwenden, die Regel sei zwar eingehalten, aber worum geht es denn bei der Vorschrift? Aber im Judentum kann eben keiner sagen, wir machen das so, und die anderen haben sich strikt daran zu halten.

Lamya Kaddor: Der Vorwurf der Verwässerung, den man Liberal-Gläubigen immer wieder macht, ist haltlos. Verwässert wird aus meiner Sicht, wenn man genau das Gegenteil macht, wenn man einfach Dinge übernimmt, deren Sinnfrage sich niemand mehr stellt. Viele tun so, als folgten sie dem Propheten Muhammad so, wie er lebte. Aber ich habe noch nie jemanden gesehen, der wie der Prophet auf einem Kamel durch die Straßen reitet. Warum muss man ihm in dieser Sache nicht folgen, aber in anderen schon? Man muss nicht alle religiösen Traditionen verwerfen, nur wenn man sich diesen Grundgedanken bewusst macht. Wir wissen zum Beispiel alle, dass Schweinefleisch, wenn es vernünftig gekühlt ist und so weiter, ohne Probleme verzehrt werden kann. Auch wenn ich wüsste, dass andere Völker Schweine als Gottheit anbeten, bestünde für mich heute keine Gefahr mehr, dass ich mich gegebenenfalls von dem einen Gott ab- und der anderen Gottheit zuwenden könnte. Solche Erklärungen fürs Schweinfleisch-Verbot werden immer wieder zitiert. Meines Erachtens gibt es keine logische Erklärung dafür. Ich verzichte dennoch auf Schweinefleisch, weil es im Koran steht. Ich halte mich in diesem Fall an den Text. Außerdem ist es ein Gebot, das meine Mitmenschen nur mittelbar betrifft und in keinem Fall schädigt.

MICHAEL RUBINSTEIN: Mir ist ein aufgeklärter, religiöser Mensch auch definitiv lieber, der sagt: »Ich befolge nicht alles blind«, als ein radikaler Gesetzestreuer, der nicht versteht, was er tut. Das sind die Menschen, die das friedliche Zusammenleben der Religionen am meisten gefährden. Ihre Radikalität tut den zwischenmenschlichen Beziehungen alles andere als gut.

VII. Heimat – Wanderer zwischen den Welten

Heimat? Die Frage danach spielte für mich in der Kindheit und Jugend eigentlich nie eine sonderlich große Rolle. Vielleicht bin ich der Antwort aber auch immer ausgewichen, weil mir einfach andere Themen wichtiger waren: Freunde, Familie, Schule, Ausbildung, Hobbys und so weiter. Im Grunde will jeder junge Mensch nur dazugehören zur Klasse, zur Sportmannschaft, zur Clique, zur Gesellschaft. Man will nicht anders sein, zumindest dann, wenn man sowieso irgendwie anders ist. Ein zwanghaftes Herausstechen aus dem grauen Gesellschaftseinerlei, wie es manche durch bunte Haare, krasse Einstellungen oder besonderen Schick anstreben, brauchte ich nicht. Ich war sowieso schon anders und nach meinem Wunsch, einfach nur normal zu sein, wurde eigentlich nie gefragt. Für meine Familie war ich als Kind vor allem »aufmüpfig«, wie sie mir zwar mit einem Lächeln und einem Augenzwinkern zu verstehen gab, doch das sollte die Botschaft nur nett verpacken. Und spätestens wenn ich außerhalb der eigenen vier Wände wegen meiner schwarzen Haare als Türkin bezeichnet wurde, musste ich über Selbstverständnis, Identität und Heimat nachdenken. Ich mochte vieles gewesen sein, aber eine Türkin wie viele meiner Schulfreundinnen irgendwie nicht. Meine Eltern sind syrischer Abstammung, also arabisch, und ich bin in Deutschland geboren.

Meine Eltern legten Wert darauf, dass ich ihre Muttersprache lerne und ihre Kultur verinnerliche. Mein gesellschaftliches Umfeld war darauf erpicht, dass ich Deutsch lerne und die deutsche Kultur verinnerliche. Wissenschaftler, Journalisten und Hobbypsychologen versuchen häufig, daraus einen unauflöslichen inneren Konflikt zu diagnostizieren. Sie sprechen beispielsweise von »Bindestrich-Mentalität« und meinen damit Kombinationen verschiedener Nationalitäten. Dahinter steckt ebenso wie hinter den Absichten meiner Eltern im Grunde ein Zwang: nämlich, sich entscheiden zu müssen, entweder deutsch oder Teil der familiären Herkunftskultur zu sein. Doch schon der Gedanke, man könnte nur einer Gruppe angehören, ist falsch. Angesichts der Reden von Globalisierung und post-nationalistischen Gesellschaften mögen dieser Aussage zwar viele Menschen inzwischen zustimmen, emotional bleibt bei einem Großteil aber ein Unbehagen zurück. Angenehmer und leichter zu verstehen ist es, wenn nur man syrisch oder nur deutsch ist.

Aus meiner Sicht ist das der Grund, warum es vielen Menschen, die seit Jahren völlig selbstverständlich bi-kulturell leben, schwerer fällt als anderen mit nur einer Kultur, sich in Deutschland zu verorten. Denn die Entscheidung, deutsch oder sonst etwas, ist unmöglich: Ich kann nicht so deutsch sein wie jemand, dessen Familienstammbaum seit 500 Jahren allein – sagen wir – in der Region Hannover wurzelt. Es gibt nun mal unabänderlich in meinem Erbgut einen zusätzlichen Teil, den ein »Ur-Hannoveraner« nicht hat. Umgekehrt kann ich nicht in einer Gesellschaft aufwachsen, in ihr Kindergarten, Schule, Sportverein und Uni besuchen, ohne Teile meines Umfelds mitsamt seinen Werten und Vorstellungen kennen zu lernen und zu verinnerlichen. Ich kann nicht in Deutschland leben und genauso arabisch sein wie meine Eltern, die in einem arabischen Land aufgewachsen sind. Die einzig gesunde Konsequenz kann also nur sein: Schluss mit dem künstlichen Zwang. Schluss mit der Frage: Bist du Deutsche oder Syrerin? Das klassische Verständnis von »Nationalität« passt nicht mehr in diese Welt. Die Spannbreite des Begriffs ist längst dabei, sich zu erweitern, und das wird fortschreiten.

Die gleiche Erweiterung braucht der Begriff »Heimat«. Er lässt sich nicht mehr für jeden Menschen mit der Nationalität koppeln. »Heimat« ist für die meisten ein räumlicher Begriff und kennzeichnet einen Landstrich. Zugleich ist »Heimat« aber auch ein Gefühl von Geborgenheit, von Vertrautheit und Sicherheit: Wenn ich in der Heimat bin, weiß ich, wie ich mich zu verhalten habe. Ich kenne mich aus. Ich kenne die Leute, ihre Mentalität, weiß, wie sie ihren Zorn zum Ausdruck bringen, wie sie Freude zeigen, wann sie mürrisch sind, wann sie ihre Ruhe wollen, was ich mir an unangenehmem Verhalten gefallen lassen muss und wann ich mich dagegen zu Wehr setzen kann. Wenn man mich also fragt: Was ist deine Heimat?, dann ist die Antwort klar: Deutschland.

Und was ist dann Syrien? Syrien ist ein dauerhaftes Gefühl von Fern-
weh! Das Land ist mir vertraut. Ich kenne es und seine Menschen besser
als etwa die Niederlande und die Niederländer, die nur 40 Kilometer
von mir entfernt wohnen – und dennoch bin ich vom Kern der syrischen Gesellschaft weiter weg als etwa meine Cousins und Cousinen,
die dort aufgewachsen sind und dort leben. Tief in mir steckt eine enge
Verbundenheit zu Syrien, so sehr, dass der Bürgerkrieg mich an Herz
und Seele schmerzt. Vor dem Drama, das sich in diesem Land abspielt,
konnte ich mir selbstverständlich vorstellen, dort zumindest eine Zeit
lang zu leben und dabei ganz gut klarzukommen mit Land und Leuten.
Die rotbraune Erde, die die Olivenbäume nährt, deren Blätter silbrig
in der warmen Sonne glitzern, wenn der Wind durch ihre Äste weht.
Der Geruch von Jasmin in der Luft. Der Geschmack von selbstgepress-
ten Oliven und saftig-roten Tomaten. All das ist faszinierend schön.
Die schmalen Gassen der uralten geschichtsträchtigen Metropole Damaskus mit ihren kleinen Cafés, ihren quirligen, kleinen Lädchen, den
lebendigen Moscheen, die zugleich zum Verweilen und Sinnieren einladen. Schon der Gedanke daran erfüllt mich mit Wonne. Die zumeist
höflichen und zugewandten Menschen, ihre Hilfsbereitschaft und Offenheit, der Humor und die Lebensfreude wirken auf mich inspirierend.
Und trotzdem bleibt mein Land Deutschland. Syrien verharrt stets irgendwo zwischen Intimität und Fremdheit. Syrien ist für mich mehr
als die Aufgeregtheit und Faszination, die man aus Urlaubsreisen in
nähere und fernere Länder mitbringt, und weniger als Sicherheit, die
mir Deutschland gibt. Ich würde in Syrien viel vermissen von dem,
was das Leben hier ausmacht. Das würde vermutlich ganz banal bei
der großen Auswahl an Schwarz- und Graubrot anfangen, die man in
Syrien wie eine Nadel im Heuhaufen suchen muss und in der Regel
trotzdem nicht findet. Es würde weitergehen über die Wut auf Hand-
werker oder Staatsbedienstete, deren Zeitgefühl und Arbeitsauffassung
mitunter »eigen« ist, und bei der Sehnsucht nach meiner Familie enden, die nun zu großen Teilen Deutsche sind. Vieles in Syrien ist von
Deutschland aus gesehen Traum- und Wunschvorstellung. Da darf man
sich nichts vormachen.

Man hört vor allem von Urlaubern immer wieder, dass sie ein besonderes Gefühl befällt, wenn sie nach längerer Zeit im Ausland wieder

die deutsche Grenze passieren. Plötzlich wissen sie wieder, wo sie sind. Selbst wenn der Heimat-Begriff für mich eher ortsungebunden ist, geht es mir im Grunde genauso – und das gilt auch für meine Reisen nach Syrien. Am stärksten ist dieses Gefühl, immer wenn ich nach längerer Zeit wieder in meine Geburtsstadt Ahlen in Westfalen fahre und auf dem Weg die versprengten Bauernhöfe und Gestüte, die Pferde auf den Koppeln und die Kühe auf den Weiden draußen vorbeifliegen sehe. Der Anblick ruft die Erinnerungen an die schönen Momente meiner Vergangenheit wach. Die Erlebnisse und Erfahrungen, die mich geprägt haben, die mich zu dem gemacht haben, was ich heute bin, alle sind hier in die Natur geschrieben. Noch heute hallen die vergnügten Kinderstimmen der Freundinnen und Freunde in meinen Ohren, wenn ich durch die behagliche Langeweile meiner kleinen »Metropole« spaziere. Ich weiß, dies hier ist mein Land.

Leider wird diese Haltung eben immer wieder auf die Probe gestellt, etwa wenn mir ein Mitbürger mal wieder zuruft, ich solle doch dahin gehen, wo ich herkomme, und gewiss nicht mein Ahlen in Westfalen meint. Oder wenn meine Kritik an manchem Umgang mit Muslimen in Deutschland mit der Aufforderung quittiert wird, ich solle doch lieber nach Saudi-Arabien gehen, wenn hier alles so schlimm sei. Selbstverständlich perlt das nicht ohne Spuren zu hinterlassen an einem ab. Man versucht sich zwar zu sagen, dass es überall Idioten gibt. Aber die Tatsache, dass man sich das überhaupt sagen lassen muss, ist schon ein besonderes Merkmal, das Lieschen Müller nicht hat. Das führt mitunter zu Verunsicherungen und ganz gewiss dazu, dass man ins Grübeln kommt. Was dabei herauskommt, hängt vor allem von der jeweiligen Persönlichkeit eines Menschen ab, denn es geht hier um eine Quadratur des Kreises: Die Herkunft eines Menschen lässt sich nicht ändern. Wenn sie problematisiert und kritisiert wird, was bleibt einem dann übrig? Rechtfertigen kann man sich nur für etwas, das man selbst gewählt hat und auf das man zumindest theoretisch einen Einfluss hat.

Von mir wird auf dieser Ebene mehr Standhaftigkeit gefordert, ich muss mich stärker mit der Thematik auseinandersetzen. Das gehört zu meinem Beruf. Aber ich will mir diese Agenda nicht diktieren lassen. Ich fühle mich, so wie ich bin, als Deutsche im 21. Jahrhundert. Nicht ich, sondern diejenigen, die damit ein Problem haben, dass jemand wie ich deutsch ist, werden sich ändern müssen. Deutschland wird bunter. Das ist zwar eine abgegriffene Floskel, aber deshalb ist sie nicht falsch.

Lamya Kaddor

MICHAEL RUBINSTEIN: Du möchtest wissen, was Israel mir bedeutet. Israel ist die Heimat meiner Mutter. Sie ist dort geboren und betrachtet es, obwohl sie mittlerweile deutsche Staatsbürgerin ist, selbst als ihre Heimat. Für mich ist Israel nicht Heimat im engeren Sinn. Es ist jedoch meine religiöse Heimat, denn Israel ist die Heimstätte des jüdischen Volkes.

Religiöse Heimat bedeutet für mich, dass ich in Israel ankomme und Jude unter Juden bin. Ich erlebe, wie selbstverständlich es sein kann, jüdisch zu sein. Ich laufe zwar nicht mit einer Kopfbedeckung rum, aber wenn ich es täte, würde ich dort nicht auffallen. Das wäre völlig normal, niemand würde einen darauf ansprechen und niemand müsste sich dafür erklären. Es hat eine ganz andere Natürlichkeit als hier. Wenn ich in Jerusalem bin, wenn ich an der Klagemauer stehe oder andere Stätten jüdischer Geschichte besuche, dann ist es schon so, dass sich meine jüdische Seele dort zu Hause fühlt. Das ist schwer in Worte zu fassen. Das ist religiöses Empfinden. Aber wenn man mich fragt, wo ich mich zuhause fühle, dann sag ich ganz klar: Deutschland. Das Heimatgefühl, das Zuhause-Gefühl wirkt stärker auf mich. Das gilt nicht überall in Deutschland, aber gerade in Duisburg fühle ich mich derzeit sehr wohl, und spätestens seit meinem Oberbürgermeisterwahlkampf 2012, in dem ich mich noch stärker mit der Stadt beschäftigt habe, identifiziere ich mich nun auch stärker mit ihr und der Region. Ich kann mir zwar vorstellen, woanders in Deutschland zu leben, ich habe zuvor schließlich eine Zeit lang in Frankfurt am Main gewohnt, aber im Grunde ist der Wohfühlfaktor schon sehr regional gebunden. Ich bin Rheinländer, der jetzt in Duisburg lebt, und das ist meine Heimat. Israel ist immer schön, um Urlaub zu machen und die Familie zu sehen. Es ist der am meisten entspannende Urlaub überhaupt. Dennoch ist die israelische Mentalität nicht ganz die meine – in vielen Punkten. Zuhause bin ich deswegen hier – ich spreche die deutsche Sprache, ich bin in Deutschland aufgewachsen. Ich bin sehr deutsch, wie meine Eltern immer sagen. Das habe ich wohl von meinem Kölner Großvater geerbt. Der war so heimatverbunden, der konnte ohne seinen Dom nicht leben. Deshalb kehrte er aus Palästina, nachfolgend Israel, zurück, ohne je Hebräisch gelernt zu haben. Von daher ist wohl in meinen Genen drin, dass ich deutsch fühle.

Und wenn Deutschland gegen Israel Fußball spielt, dann hoffe ich, dass Deutschland gewinnt und Israel nur knapp verliert.

Dass ich mich deutsch fühle, dass dieses Land meine Heimat ist, ist in der Tat nicht so unumstritten in der Familie. Man könnte schon sagen, meine klare Haltung in der Frage ist schon fast eine Ausnahme. Man tut mich gern als Jeckepotz, also treudeutsch, ab. Einige meiner Freunde ziehen mich gern auf, weil ich angeblich so typisch deutsche Eigenschaften habe. Ich habe das Zugehörigkeitsgefühl für mich relativ früh erkannt und auch relativ früh geäußert. Mit 14 oder 15 Jahren hatte ich für die »Jüdische Allgemeine« einen Artikel zum Thema: »Bin ich deutscher Jude oder Jude in Deutschland?« geschrieben. Zu dem Zeitpunkt war der gepackte Koffer das Symbol der Juden und ich schrieb, dass ich nicht auf eben solchem sitze. Viele jüdische Jugendorganisationen vertraten den Standpunkt, man sollte vielleicht in Deutschland sein Studium abschließen und dann nach Israel gehen oder zumindest weg aus diesem Land. Ich aber plädierte in meinem Beitrag dafür, Deutscher jüdischen Glaubens zu sein. Schon mein Bruder hätte das so nicht formuliert, an die Reaktion meiner Schwester kann ich mich nicht erinnern. Meine Eltern jedoch haben die Hände über dem Kopf zusammengeschlagen. Obwohl sie seit 60 Jahren hier sind und die deutsche Staatsangehörigkeit angenommen haben, taten sie sich sehr schwer damit, dass ihr Sohn sagt: ›Ich bin Deutscher.‹ Wie ich so etwas sagen könne nach dem, was uns Juden hier alles angetan worden sei. Das klang nach Verrat für sie, ja, das kann man vielleicht so sagen. Trotzdem ist es komisch, denn ich kann mir nicht vorstellen, dass meine Eltern woanders leben könnten.

Sie sind deutsche Staatsbürger, aber in ihrem Herzen sind sie … finden sie Israel schön. Israel ist vielleicht nicht direkt ihre Heimat … »Wir müssen da hin, dort kann man sich so natürlich bewegen«, sagen sie jedenfalls immer. Eigentlich wird die Frage der Nationalität von ihnen kaum thematisiert. Erst als ich für mich festgestellt habe, dass ich da keinen inneren Konflikt habe, wurde das für sie ein Thema. Und dann haben wir uns da schon die Köpfe heiß diskutiert.

LAMYA KADDOR: Bei uns in der Familie war das ähnlich. Weniger mit meinen Eltern, für die war immer klar, dass ich nie Deutsche sein werde und sie immer Syrer oder Araber bleiben. Auch wenn zumindest meine Mutter sich inzwischen nicht mehr vorstellen kann, in Syrien zu leben. Mit meinen älteren Geschwistern gab es früher schon Diskussionen darüber – sie sind in Damaskus geboren und erst im Alter von drei und vier Jahren nach Deutschland gekommen, meine jüngere Schwester und ich sind hier geboren. Ich erinnere mich, dass ich im Gespräch mit ihnen mal nebenbei gesagt habe, ich sei Deutsche. Das hat meine ältere Schwester ziemlich irritiert: »Wie, du bist Deutsche?«, fragte sie zurück. »Ja klar«, entgegnete ich. »Was bist du denn deiner Meinung nach?« Für sie war damals völlig klar, dass sie Araberin sei, Syrerin. Ich sagte: Du bist als Kleinkind hierher gekommen, was kann an dir groß Araberin oder Syrerin sein?« Ich glaube, da war sie ziemlich erschrocken.

Inzwischen glaube ich nicht, dass sie das weiterhin so sieht – genau weiß ich es aber nicht. Für sie muss es eine emotionale Bindung gewesen sein. Es ist noch einmal eine andere Erfahrung, zu emigrieren – selbst wenn man vier oder fünf Jahre alt war. Der Gedanke: »Wir sind hierher gekommen, in etwas Neues«, das schafft ein anderes Bewusstsein. Das bringt eine andere Identität mit. Für mich gab es ja nie ein Herkommen – zumindest kein direktes. Und letztlich muss man natürlich sagen, dass es einem die deutsche Umgebung gerade in den 80er- und 90er-Jahren nicht immer einfach gemacht hat, sich hier sofort heimisch zu fühlen. Wenn heute über eine fehlende Willkommenskultur geklagt wird, dann galt das damals noch mehr. Wir alle wussten, es gab viele deutschstämmige Menschen, die uns total nett aufgenommen und behandelt haben, aber allein das Wissen darum, dass einige Mitbürger Menschen wie uns nicht hier haben wollten, uns nicht akzeptierten und als Fremdkörper in der Gesellschaft sahen, konnte ausreichen, um das Zugehörigkeitsgefühl zu Deutschland nachhaltig zu erschüttern oder zumindest infrage zu stellen.

Du bist so überzeugt von Deutschland, kann man das als Jude angesichts der Geschichte überhaupt?

MICHAEL RUBINSTEIN: Es ist wirklich nicht so einfach, das als Jude zu sagen. Das ist eben in meiner Generation, wie gesagt, nicht so selbstverständlich. Ich bin deutscher Jude oder Deutscher jüdischen Glaubens. Punkt. Da gibt es für mich nichts dran zu rütteln. Meine Eltern haben ja gewollt, dass wir Kinder die deutsche Staatsbürgerschaft bekommen. Meine Mutter hätte uns auch in den israelischen Pass eintragen lassen können, aber sie hat sich dafür entschieden, uns die deutsche Nationalität zukommen zu lassen. Und wenn man mir schon einen deutschen Ausweis gibt, dann habe ich das konsequent umgesetzt. Heute fühle ich eben so. Deutschland ist meine Heimat, ganz klar. Und da geht es mir wie dir, ich kenne dieses wohlige Gefühl, wenn ich aus dem Ausland wieder heimkomme.

LAMYA KADDOR: Heimat ist ja ein Begriff, der sich mit all seinen Facetten in andere Sprachen wie Englisch oder Französisch nur schwer übersetzen lässt? Im Grund ist »Heimat« ein deutsches Konzept. Der Engländer sagt: »My home is my castle.« Aber von der Semantik her ist es nicht identisch mit diesem blumigen, breiten Begriff, wie wir ihn im Deutschen haben.

MICHAEL RUBINSTEIN: My home, mein Zuhause, ist doch viel persönlicher als wenn ich sage: »Meine Heimat«. Also ich finde das Englische eher blumiger.

LAMYA KADDOR: Nun, aus der englischen Perspektive heraus ist das aber nicht der Fall. Unser Gespräch wäre mit zwei Briten schwieriger zu führen, weil diese das Ganze wesentlich nüchterner sähen, weniger mit Emotionen verbunden. Denk doch an die Romantik. Sie nahm in Deutschland ihren Ausgang. Ludwig Tieck, Novalis, E. T. A. Hoffmann, Joseph von Eichendorff – alles Deutsche, die die Heimat in der Landschaft, in Gerüchen und was weiß ich was wahrgenommen haben. Also mich wundert es nicht, dass Heimat ein deutsches Konzept ist, durch mein Studium der Allgemeinen und Vergleichenden Literaturwissenschaft und der Anglistik habe ich eine Reihe entsprechender Texte gelesen. Denk auch mal an den »Heimatfilm«. Dieses Konzept kennt man ebenfalls aus dem deutschsprachigen Raum, und es hat immer etwas mit schöner Landschaft zu tun, mit Werten und Tugenden, mit braven Mädchen und hübschen Frauen.

Vielleicht erklärt das auch unseren Nationalstolz. Allerdings werden wir zumindest in Nordrhein-Westfalen nicht mehr so sozialisiert, dass wir uns mit der Landschaft identifizieren und daraus eine Art Stolz entwickeln könnten. In Bayern sieht das möglicherweise wieder anders aus. Aber in Westfalen oder im Münsterland hat mir nie jemand gesagt: »Sieh mal, wie schön die Landschaft ist, in der du lebst.« So etwas wurde weder in der Schule noch anderswo anerzogen. Ich glaube, für Ausländer ist das fast noch einfacher. Sie können schnell erkennen, was sie in diesem Land schön finden. Meine Eltern schwärmten schon immer davon. Jedes Jahr höre ich von irgendwelchen Syrern, wie grün Deutschland ist, wie saftig alles, so aufgeräumt und sauber und man denkt: Komisch. Das stimmt natürlich, aber man nimmt das selbst so nicht wahr. In Zeiten von iPad und iPhone stellt sich sowieso die Frage, inwiefern junge Menschen noch in den Wald gehen und sich die Landschaft anschauen!

Privat verwende ich den Begriff Heimat kaum. Beruflich indes spreche ich immer wieder mal von Heimat. Bei meinen Vorträgen oder Lesungen ist das ein Thema. Muslimen wird die Frage häufig gestellt, ob sie Deutschland als ihre Heimat betrachten können. Was im Grunde merkwürdig ist, denn wieso sollte eine Religionszugehörigkeit zwangsläufig im Widerspruch zu einer Nationalität stehen?

Du könntest mich auch nach Heimweh fragen.

Wenn ich nicht zu Hause bin, was ja wegen meiner Arbeit leider oft vorkommt, zieht es mich ziemlich bald zurück zu meiner Familie. Dieses Gefühl habe ich regelmäßig. Und ich würde schon sagen, dass es sich dabei dann um so etwas wie Heimweh handelt. Heimat ist für mich eben nicht zwangsläufig ein Ort. Wenn ich nach Ahlen komme, ist da schon vieles, was mich an meine Kindheit und damit an meine Sozialisation, mein Aufwachsen erinnert – Landschaft und Leute. Trotzdem sage ich nicht: Heute würde ich mich dort unbedingt besser fühlen als woanders. Mein Heimatgefühl besteht letztlich aus mehr als einem Ort.

Das merke ich gerade jetzt mit zwei Kindern: Heimat ist vor allem da, wo ich mich geborgen fühle oder wo ich meine, dazuzugehören. Und das alles findet natürlich in Deutschland statt, aber es muss eben nicht Ahlen oder Duisburg sein. Wie heißt es nochmal? Ubi bene, ibi patria – wo es mir gut geht, da ist mein Vaterland, meine Heimat. Was glaubst du, wann ist ein Mensch ohne Heimat?

MICHAEL RUBINSTEIN: Vielleicht wenn er eigentlich weiß, dass er eine Heimat hat, sie aber aus bestimmten Gründen nicht mehr aufsuchen kann. Stichwort: Flüchtlinge.

LAMYA KADDOR: Du siehst »Heimat« ausschließlich ortsgebunden. Es ist interessant, dass dein Begriffsverständnis so viel enger ist als meines. Es hat natürlich etwas mit dem Ort zu tun, in dem ich aufgewachsen bin. Heimatlosigkeit hat nach meinem Verständnis vor allem mit Entwurzelung zu tun – mit dem Kappen jeglicher vertrauter Kontakte, die Trennung von den Liebsten, von Freunden und Bekannten – egal wo auf der Welt. Wenn jemand durch einen Amoklauf seine gesamte Familie verliert, ist das für mich auch eine Art von »keine Heimat mehr haben«. Genauso wie der Bürgerkrieg in Syrien Auswirkung auf meine Überlegungen zu der Frage hat. Drei Jahre war ich jetzt nicht mehr da, da kommt schon Sehnsucht auf. Deswegen ist Syrien nicht meine Heimat, aber ich fühle mich schon sehr wohl, spreche die Sprache, was den Bezug zum Land nochmal intensiviert.

MICHAEL RUBINSTEIN: Stimmt. Vielleicht wäre das bei mir auch so, wenn ich in der Jugend mal ein Jahr nach Israel gegangen wäre und die Sprache gelernt hätte. Manchmal bereue ich es ein wenig, dass ich mir kein Auslandsjahr gegönnt habe. Einmal im Jahr – wenn irgendwie möglich – möchte ich schon eine Woche nach Israel fahren. In der Regel fahre ich ohne Pläne, ohne die Familie vorher zu informieren, mache das Handy aus, schalte ab und bin abgetaucht. Ich entscheide ganz spontan, wie ich meinen Tag verlebe. Das ist Freiheit, sage ich dir.

LAMYA KADDOR: So geht es mir mit Syrien. Es ist in eine Art Refugium oder es *war* eine Art Refugium ... Ich will nichts romantisieren, ich weiß, unter welcher staatlichen Repression die Menschen unter der Herrschaft von Hafez al-Assad, des früheren Staatschefs, und dessen Sohn Baschar, dem heutigen Staatschef, standen. Ich spreche allein von meinem Gefühl her – persönlich habe ich bei meinen Aufenthalten in Syrien von dem politischen Druck wenig bemerkt, solange ich mich nicht gezielt dafür interessiert hatte.

MICHAEL RUBINSTEIN: Angesichts unserer Geschichte ist es ein gutes Gefühl zu wissen, wenn – Gott behüte – in Deutschland irgendetwas passiert, das uns Juden das Leben hier versagt, dann gibt es noch ein anderes Land, in das man gehen könnte. Man hat einen Zufluchtsort, an den man sich gewöhnen und wo man sich wohlfühlen könnte. Wie gesagt, deshalb treten Juden eben weltweit so stark für diesen Staat ein. Wenn man so will, betrachten sie ihn als eine Lebensversicherung, die man sich keinesfalls nehmen lassen will.

LAMYA KADDOR: Ich empfinde es ebenfalls als großen Gewinn, mehrere Bezugspunkte auf der Welt zu haben. Es ist ein Privileg. Das wird einem gerade jetzt bewusst, wo die Lage in Syrien immer schwieriger wird. Vermutlich werde ich Syrien und meine dortige Familie für lange Zeit nicht mehr sehen können. Meinen Kindern werde ich das Land so schnell nicht zeigen können. Das schmerzt wirklich sehr.

MICHAEL RUBINSTEIN: Das ist hart. Das glaube ich. Als ich jüngst in Israel war, bin ich eine Woche bevor es im November 2012 mit dem Gaza-Krieg losging, zurückgekommen. Ich hatte schon, als ich hinflog, im Hinblick auf Syrien gedacht: Hoffentlich bleibt es ruhig, hoffentlich wird Israel nicht in den Bürgerkrieg hineingezogen. Aber dann kamen die Raketen aus dem Gazastreifen. Nach mehr als 20 Jahren gab es erstmals wieder Luftalarm in Tel Aviv, auch bei Jerusalem schlugen Raketen ein. Da wurde mir wieder klar: Es ist immer ein Geschenk, wenn man da ist, wenn es ruhig bleibt und wenn man sich frei bewegen kann. Die Gefahren für das Land führen schon dazu, dass man sich emotional enger daran bindet. Ich denke, Bedrohung und Heimat haben viel miteinander zu tun.

Lamya Kaddor: Stimmt. Heimat ist auch die Abwesenheit von Bedrohung. Wenn ein Land und seine Menschen, zu denen man sich hingezogen fühlt, angefeindet werden, fühlt man sich stärker verbunden, und umgekehrt, wenn man in einem Land angefeindet wird, zu dem man sich hingezogen fühlt, kann das einen entfremden. Manche Menschen fühlen sich nirgends richtig heimisch. Ich muss da an meine türkischen Schüler denken: Wenn sie in der Türkei sind, werden sie die Almancı genannt, die Deutschländer, und hier werden sie als Türken bezeichnet.

Wenn ich in Syrien bin, bin ich nur Gast. Aber im Grunde genommen passiert mir das genauso: In Syrien gelte ich nicht als echte Syrerin, sondern als Auslands-Syrerin. Abgesehen vom Akzent, man merkt es an der Kleidung, man merkt es sogar an der Schminke, dass ich nicht in Syrien geboren und aufgewachsen bin. Allerdings fühle ich mich vor allem in der Familie und im Freundeskreis geborgen, und solange sie das nicht thematisieren, dass ich Auslands-Syrerin bin, ist es mir egal. In Deutschland ist es anders. Hier werde ich auch nicht von allen als richtig deutsch betrachtet. Manche bezeichnen mich als Migrantin, dabei bin ich nie in irgendein Land eingewandert. Ich bin hier geboren wie Anja und Paul von nebenan. Zugleich habe ich es mir nicht ausgesucht, in Deutschland zu leben. Wenn mich ältere Verwandte oder eingewanderte Freunde meiner Eltern früher als »die Deutsche« betrachtet haben, als die man draußen eben nicht wahrgenommen wurde, war das schon komisch. Man muss sich damit auseinandersetzen. Sofern man intellektuell in der Lage dazu ist und solange es keine konkreten Auswirkungen auf die persönliche Entfaltung, sprich Berufswahl, hat, ist das kein Problem.

Michael Rubinstein: Da hab ich möglicherweise einen Vorteil dir gegenüber oder gegenüber türkischen Jungs, bei denen man sofort den Migrationshintergrund erkennt. Mir sieht man mein Judentum nicht an, und wenn man es nicht weiß, geht man mit mir garantiert völlig unbefangen um. Allerdings ist das schon befremdlich, dass ich trotzdem manchmal nicht als Deutscher wahrgenommen werde, weil ich Jude bin. Da wird man schnell zum Israeli oder zum Israelit. Vielleicht bin ich da naiv, wenn ich sage: So schlimm ist es hier nicht. Ich kann als

Deutscher jüdischen Glaubens nach wie vor gut hier leben. Selbst wenn man manche Tendenzen, die ins Gegenteil deuten, nicht klein reden darf.

LAMYA KADDOR: Du musst aber sehen, dass es eine größeres Tabu ist, über Juden herzuziehen, als über Muslime oder Türken. Glaubst du im Ernst, dass Thilo Sarrazin sein Buch »Deutschland schafft sich ab« millionenfach verkauft hätte, wenn man die Worte Muslime durch Juden und die Worte Araber und Türken durch Israeli und Russe ersetzt hätte?

MICHAEL RUBINSTEIN: Mag sein. Einwanderer haben es schon schwerer in Deutschland. Ich meine, ein gewisser Teil der Bevölkerung ist eben der Auffassung: Man kann Deutscher sein, aber nicht Deutscher werden.

LAMYA KADDOR: Was heißt überhaupt: »Deutscher sein«? Was macht das Deutsche aus? Welche Eigenarten hat man? Definier mal, was Deutsch sein bedeutet! Ich meine, eine solche Aussage zeugt von einer bestimmten Arroganz, hinter der nichts steht. Sie impliziert außerdem, dass alle so deutsch werden wollen wie Lieschen Müller. Wer sagt überhaupt, dass das alle wollen?

MICHAEL RUBINSTEIN: Aber es gibt gute deutsche Eigenschaften.

LAMYA KADDOR: Sicher. Genauigkeit, Gründlichkeit, Zuverlässigkeit, ein Sinn für Gerechtigkeit. Daneben gibt es aber eine gewisse Verkrampfung, mangelnde Spontaneität, fehlende Geselligkeit, ein geringeres Familienbewusstsein als in anderen Kulturen …

MICHAEL RUBINSTEIN: Bürokratie …

LAMYA KADDOR: Ja, auch – aber die ist in Syrien viel schlimmer oder in einem Land wie Indien.

MICHAEL RUBINSTEIN: Was das »Deutscher werden« angeht, kann ich sagen, ich habe weder eine gebürtige deutsche Mutter noch einen gebürtigen deutschen Vater. Ich bin zwar mit einem deutschen Pass geboren, aber das Deutsch-Sein, das Deutsch-Fühlen, ist geworden, weil ich in diesem Land aufgewachsen bin. Allerdings befindet sich Deutschland im Wandel. Wer hätte vor Jahrzehnten gedacht, dass jemals ein farbiger Spieler oder ein Spieler mit einem türkischen Namen in der deutschen Fußballnationalmannschaft spielen würde? In Jugendmannschaften ist das plötzlich ganz normal, da spielt es überhaupt keine Rolle ... Ich glaube, das alles wird völlig überbewertet. Welcher Deutsche denkt im Alltag wirklich darüber nach, was er ist und wer er ist?

Nur bei der Weltmeisterschaft wird dann diskutiert, warum Mesut Özil oder Lukas Podolski die deutsche Nationalhymne nicht lautstark mitsingen.

LAMYA KADDOR: Könntest du dir eigentlich vorstellen, dass der Druck auf Juden in Deutschland mal wieder so groß wird, dass man doch ans Auswandern denken muss?

MICHAEL RUBINSTEIN: Ich glaube, wir leben hier in einer sehr stabilen Demokratie, wo wir als jüdische Gemeinschaft jederzeit Gehör finden. Außerdem wäre Flucht zu ergreifen meiner Meinung nach der völlig falsche Ansatz. Vorher muss die Gesellschaft zusammenrücken und gemeinsam alle Tendenzen, die in eine solche Richtung weisen, frühzeitig bekämpfen. Statt zu sagen: »O, wie ist das alles so schlimm hier!«, sollten wir eher mal unsere Stimme erheben. Da könnten Muslime und Juden gut an einem Strang ziehen. Früher war der Jude das Feindbild, heute ist es für einen Teil der Bevölkerung eher der Muslim. Spielen denn diese Gedanken für dich überhaupt eine Rolle im Alltag – oder denkst du nur darüber nach, weil wir jetzt dieses Gespräch führen?

LAMYA KADDOR: Ich denke schon darüber nach – und seit Sarrazin allemal. Vor Sarrazin waren die Gedanken eine Zeit lang weg, aber der Erfolg dieses Buchs hat auch mich zum Nachdenken gebracht. Weniger wegen der Inhalte, mehr wegen der Rezeption. Vor allem der mediale Hype war entscheidend: Die »Bild«-Zeitung sprach lobend und anerkennend vom »Klartext«-Politiker. »Der Spiegel« druckte unkommentiert mehrere Seiten ab – natürlich immer die, in denen es vorwiegend ums Muslim-Bashing geht. Ich kann mir kaum vorstellen, dass »Der Spiegel« einem anderen Sachbuch jemals ähnlich viel Platz eingeräumt hat. »Bild« und »Spiegel« – wir reden hier von den gedruckten Medien mit der größten Reichweite. Dazu kamen die prominenten Stimmen, die die Aussagen dieses Mannes verteidigt haben, angefangen von SPD-Altkanzler Helmut Schmidt und anderen SPD-Größen wie Klaus von Dohnanyi über Wirtschaftsleute wie Hans-Olaf Henkel bis zu Prominenten aus dem Showgeschäft. Das zeigt schon, dass da ein Nerv getroffen wurde, dass da latent irgendetwas in der Gesellschaft sein muss. Darüber denke ich schon nach. Auch wenn mich mein Verstand davor warnt, hysterisch zu sein. Denn schließlich gab es noch viel mehr Stimmen in Deutschland, die Sarrazins Inhalte in Bausch und Bogen verdammt haben, und das politische Potenzial für dieses rechtspopulistische Gedankengut ist nach wie vor sehr überschaubar. Das ist der Grund, warum es sich tatsächlich lohnt, immer wieder dafür zu kämpfen, dass sich solche Positionen nicht in der Mitte der Gesellschaft weiter verbreiten.

MICHAEL RUBINSTEIN: Die mehr als eine Millionen Bücher, die Sarrazin verkauft hat, wurden ja nicht angeschafft, damit sie ungelesen in den Bücherregalen der Republik verstauben. Natürlich – dass das Buch so einen Nachhall gefunden hat, sehe ich ebenfalls mit Sorge. Davor darf man die Augen nicht verschließen. Allerdings möchte ich betonen: Dass seine Thesen so offen ausgesprochen wurden, hat auch seinen Vorteil. Es konnte breit darüber diskutieren werden, die Thesen konnten in einem breiten gesellschaftlichen Diskurs verarbeitet werden. Man kann nicht mehr sagen: Solche islamfeindlichen Tendenzen gibt es in der Mitte der deutschen Gesellschaft nicht. Man kann auch nicht mehr sagen: In Deutschland sei es unmöglich, kritisch über Muslime und Einwanderung zu sprechen. Dem Standardsatz: »Das wird man ja wohl noch sagen dürfen« kann man nun entgegnen: Ja! Darf man. Siehe die Sarrazin-Debatte.

Lamya Kaddor: Absolut. Verstandesmäßig ist das absolut klar, emotional ist das für viele Menschen weniger einfach. Solche Vorfälle entfremden gerade junge Menschen von Deutschland. Ob man nun darauf hinarbeiten muss, dass es solche Sarrazin-Phänomene künftig nicht mehr gibt, oder ob man lernen muss, damit zu leben, sei dahingestellt. Es gibt jedenfalls immer wieder Situationen, die junge Menschen verzweifeln lassen, weil Politiker und Medienverantwortliche, sofern sie nicht selbst ein persönliches Interesse an der Brüskierung von Menschen mit ausländischen Wurzeln beziehungsweise islamischem Glauben haben, für einen kurzfristigen Erfolg die Hemmungen über Bord werfen oder einfach wenig Sensibilität beweisen. Erst jüngst nährte die ARD wieder dieses Unbehagen. Ausgerechnet am 29. Mai 2013, dem 20. Jahrestag des Brandanschlags von Solingen, bei dem fünf türkischstämmige Frauen und Mädchen starben, debattierte die Journalistin und Moderatorin Anne Will in ihrer gleichnamigen Talkshow über »Allahs Krieger im Westen – wie gefährlich sind radikale Muslime?« Das allein sorgte bereits für viel Kopfschütteln. Darüber hinaus haben viele nicht verstanden, dass Anne Will auch noch die höchst umstrittene Islamkritikerin Necla Kelek in die Gesprächsrunde bat. Kelek wird selbst von wissenschaftlicher Seite seit Jahren ein erheblicher Anteil an der Verbreitung von Islamfeindlichkeit beigemessen, etwa weil sie muslimischen Männern schon mal unverhohlen im ZDF pauschal einen Hang zur Sodomie unterstellt. Ich hatte ein Vorgespräch mit Anne Wills Redaktion geführt, es wurde uns jedoch relativ schnell klar, dass wir hier nicht zusammenkommen werden. Taktlos ist noch das freundlichste gewesen, was mir zu der Gestaltung der Talkrunde eingefallen ist.

Es sind vor allem die ganz »normalen« Muslime, die sich durch solche Vorgehensweisen vor den Kopf gestoßen fühlen. Nicht die besonders Gläubigen werden getroffen, die schotten sich im Zweifelsfall ab, sondern genau diejenigen, die sich um gesellschaftliche Teilhabe in Deutschland bemühen und die man für eine gelingende Integrationspolitik bräuchte. Anne Will hat gerade diese Menschen wieder an die schmerzhafte Erfahrung des medialen Hofierens von Sarrazin erinnert. Ich habe während der Sarrazin-Debatte mit einigen gesprochen, die erstmals ernste Auswanderungsgedanken hatten. Die meisten werden es nicht tun. Es ist nicht so leicht, in den Alltag eines neuen Landes hineinzufinden –, selbst wenn man es vermeintlich gut kennt. Ich kenne das von türkischen Bekannten. Manche haben ein romantisches Bild von der Heimat ihrer Eltern. Sie kennen das Land aus dem Urlaub, in dem immer alles schön ist und malen sich die Auswanderung ganz einfach aus. Ein Freund von mir hat es versucht, und ist nach einem halben Jahr aus Istanbul zurückgekommen. Die Realität ist oft anders. Auswandern ist immer eine Herausforderung. Es geht einfacher, wenn man freiwillig geht und einen festen Job in Aussicht hat, als aus irgendwelchen Gründen gezwungen zu sein und eine Arbeit suchen zu müssen. Das hat mit materieller Absicherung zu tun aus meiner Sicht. Eine Arbeitsmigration könnte ich mir im Prinzip vorstellen, auch wenn sie mir bestimmt nicht leichtfallen würde.

Die Koppelung an bestimmte Menschen hält mich schon hier, ebenso wie die Klarheit, die Spielregeln in Deutschland genau zu kennen. Es würde mir zudem schwer fallen, meine Kinder aus ihren bisherigen Lebensbezügen herauszunehmen. Auswandern beträfe nicht nur mich allein. Als junger, ungebundener Mensch kann man vieles machen, aber als Familienmensch? In einem bestimmten Alter oder in einer bestimmten Phase des Lebens ist es nicht mehr ganz so einfach. Vielleicht noch mal in der Rente, da ist man wieder in einem Alter, in dem man sehr viel freier und unabhängiger agieren kann.

MICHAEL RUBINSTEIN: Max Frisch hat einmal gefragt: »Woraus schließen Sie, dass Tiere wie Gazellen, Nilpferde, Bären, Pinguine, Tiger, Schimpansen und so weiter, die hinter Gittern oder in Gehegen aufwachsen, den Zoo nicht als Heimat empfinden?« Interessant ist, was passieren würde, wenn man die Käfigtür aufmacht. Würden sie wirklich rausgehen, und wenn ja, würden sie wiederkommen? Allerdings sind Tiere nicht so intelligente Wesen wie Menschen, sondern folgen vielfach ihrem Instinkt.

LAMYA KADDOR: Vielleicht empfinden sie den Käfig doch als Heimat, weil sie nichts anderes kennen. Der Schlüssel zur Antwort ist vermutlich, dass Heimat nur dann Heimat ist, wenn man sie frei wählen oder aus freien Stücken bekräftigen kann.

VIII. Deutschland – religiöses Leben als Minderheit

Ich bin Deutscher. Das sage ich aus voller Überzeugung. Sicher stehe ich dem Ausspruch: »Ich bin stolz, ein Deutscher zu sein«, nicht mit völliger Gleichgültigkeit gegenüber. Ich würde allenfalls unterschreiben, dass wir Deutsche stolz darauf sein können, was wir in den vergangenen knappen 70 Jahren aufgebaut haben. Allerdings geht die Feststellung, Deutscher zu sein, zwangsläufig mit der Frage einher: Was heißt das eigentlich? Spontan denke ich, es ist das Analytische: erstens, zweitens, drittens! Wir gehen nicht aufs Geratewohl los und schauen, was passiert, sondern wir überlegen. Wir bedenken die Folgen, wir fragen uns, was passiert, wenn wir den zweiten Schritt vor dem ersten tun. Erst wenn alles ausdiskutiert und abgewogen ist, legen wir los. Mit etwas mehr Bedachtsamkeit verbinde ich mit Deutschsein allerdings keine wesentlichen Charakterzüge oder Eigenschaften. »Besonders pünktlich«, »besonders strebsam«, »besonders genau zu sein« – das sind Klischees, auf die man allenfalls bei Umfragen im Ausland stößt. Auch das Deutsche mit völkischen Abstammungsvorstellungen zu erklären kommt nicht infrage. Dann wäre Thilo Sarrazin, dessen Familie nach eigenem Bekunden väterlicherseits von Hugenotten aus Lyon abstammt und dessen Mutter slawische Wurzeln hat, gewiss nicht deutsch. Die Frage nach dem, was Deutsch ist, ist einer immerwährenden Entwicklung unterworfen. Zu einer einheitlichen Definition werden wir niemals kommen.

Trotz dieser Ungenauigkeit ist es nicht immer leicht, Deutscher zu sein – Deutscher jüdischen Glaubens. Denn viele meiner Landsleute sind der Meinung, dass Deutsch und Jüdisch nicht zusammengeht. Für viele bin ich eher ein Israeli – und sie sind dann ganz perplex, wenn ich sage, dass nicht jeder Jude Israeli ist (und im Übrigen: Auch nicht jeder Israeli ist Jude). Vielmehr drängt sich mir der Eindruck auf, dass für viele nichtjüdische Deutsche unklar zu sein scheint, dass Jude keinen Rückschluss auf die Nationalität zulässt.

Dass ein verzerrtes Bild über Juden in Deutschland herrscht, hat vermutlich viel mit der Sozialisation zu tun. Wir reden fast immer »nur« von 6 Millionen ermordeten Juden. Das fängt in der Schule an und zieht sich durch Geschichtsbücher und TV-Dokus. Es spielt schon kaum ein Rolle, dass es vor dem Zweiten Weltkrieg ein deutsches Judentum gab, das sich stark durch die Liebe zum Vaterland auszeichnete, geschweige denn, dass es heute wieder ein lebendiges jüdisches Leben in Deutschland gibt. Man definiert uns folglich in erster Linie über die Vergangenheit und nicht über das pulsierende Gemeindeleben. Umso mehr freuen wir uns, wenn einmal kein Aufregerthema Pressevertreter zu uns führt, sondern beispielsweise das Purim-Fest. Anschließend gab es in der Regionalzeitung »bloß« eine nette Beschreibung, wie das Fest in unserem Kindergarten begangen wurde.

Ich frage mich beim Thema Deutschland und Judentum oft, warum die Religion überhaupt so stark in den Vordergrund gestellt wird. Dass es deutsche Christen gibt, wird niemand ernsthaft thematisieren. Aber dass es deutsche Juden und auch deutsche Muslime gibt, das ist stets eine Debatte wert. Womöglich liegt das auch daran, dass man mit uns Juden immer eine tiefere Gottesfürchtigkeit assoziiert. Wenn ich Führungen durch die Synagoge mache und den Besuchern sage: »Ich lebe aber nicht nach allen 613 Geboten und Verboten, die wir im Judentum haben.« Da schauen mich die Leute an und sagen: »Wie können Sie dann glauben?« Erst wenn ich die Frage spiegele und zurückfrage: »Und wie halten Sie es mit Ihren christlichen Glaubensgrundsätzen und Gesetzen?«, dann bemerken sie, dass ihre Vorstellungen recht unreflektiert sind. Das Bild, das Orthodoxe oder Fundamentalisten von einer Religion zeichnen, wird nach außen als das echte, das richtige Religionsverständnis wahrgenommen. Dabei sind es Randgruppen. Die Mehrheit der Normal-Gläubigen taucht in der Vorstellungswelt vieler Menschen nicht auf.

Das ist umso erstaunlicher, als man orthodoxe Juden eigentlich in den meisten deutschen Städten gar nicht antrifft – höchstens in Großgemeinden wie Berlin, Düsseldorf, München oder Frankfurt. Zudem gibt es gerade im Judentum mit den vier großen Ausrichtungen – orthodox, konservativ, liberal und reformerisch – ein ganz breites theologisches Spektrum. Wenn man sich etwa die römisch-katholische Kirche anschaut, die ganz klar die Glaubensrichtung vorgibt und keine Abweichungen duldet, fragt man sich schon, warum ausgerechnet Juden und auch Muslime immer als Hardliner definiert werden.

Zu Deutschland, zu den Deutschen, gehören unbestreitbar viele Menschen mit einer Zuwanderungsgeschichte. Sie alle leben überwiegend friedlich miteinander. Spätestens wenn sie deutsche Staatsbürger geworden sind, sind sie deutsch und prägen unser Land mit. Döner Kebab ist bereits mehr deutsches Kulturgut als der Sonntagsbraten, der amerikanische Fast-Food-Burger mehr als die heimische Frikadelle. Ist das schlimm? Ich sage: Nein. Im Gegenteil.

Deutschland im 21. Jahrhundert ist zu einem Schmelztiegel geworden und hat wieder ein gesundes Selbstbewusstsein. Offenbar musste es dafür erst einmal ein Sommermärchen geben – sprich die Fußball-Weltmeisterschaft 2006 bei uns. Plötzlich war es »politisch korrekt«, Deutschland-Fahnen ans Auto oder aus dem Fenster zu hängen und sich im Nationalmannschaftstrikot öffentlich zu seiner Nationalität zu bekennen. Aber nicht nur das – plötzlich war es auch möglich, andere Flaggen an den Häusern zu sehen. Da hing die spanische, italienische oder türkische Flagge neben der deutschen und für alle – oder zumindest die meisten – war das völlig in Ordnung. Das war für mich der Moment, in dem mir klar wurde, wir Deutsche können unsere Verbundenheit mit unserem Land öffentlich demonstrieren – und unseren Mitbürgern ihre abweichende Nationalverbundenheit ebenfalls zugestehen. Der Sport, insbesondere der Fußball, fungiert als identitätstiftender Faktor. Wer hätte sich vor zehn oder fünfzehn Jahren vorstellen können, dass ein deutscher Nationalspieler Mesut Özil, Sami Khedira oder Jérôme Boateng heißt? Spieler, die einen Migrationshintergrund haben, »sogar« eine andere Religionszugehörigkeit und eine andere Hautfarbe. Sie alle werden heute selbstverständlich vom weitaus überwiegenden Teil des Publikums bejubelt, wenn sie erfolgreich für die deutsche Nation kicken. In diesem Moment verschwindet die unterschiedliche Herkunft und für diesen Moment sind wir plötzlich alle deutsch – zumindest bis wir wieder im Alltag angekommen sind.

Da stellt sich einem die Frage: Wann ist es endlich als Normalität in den Köpfen angekommen, dass die Deutschen heute aus einer bunten

Mischung von Nationalitäten, Religionen und Glaubensgemeinschaften bestehen? Ein Wahlspruch im NRW-Landtagswahlkampf 2012 lautete: »Currywurst ist SPD.« Klare Sache: Deutschland isst Currywurst, aber Deutschland isst auch Döner Kebab, Burger und Sushi. All das fließt in unseren Alltag ein, prägt uns mit. Wir betonen viel zu häufig die Unterschiede, anstatt das Verbindende in den Mittelpunkt zu rücken. Der Ansatz der Mehrheitsgesellschaft sollte nicht sein, Integration und Assimilation zu verlangen, sondern sich um Inklusion zu bemühen – um das gleichberechtigte Zusammenkommen, aus dem etwas Gemeinsames zum Wohle unseres Landes entsteht. Dazu muss der Wille wachsen, offen für Neues zu sein, und dazu muss realisiert werden, dass sich in dieser Gesellschaft über die Jahrhunderte hinweg Traditionen, Vorstellungen und Regelungen entwickelt haben, die die Bevölkerung immer wieder neu geformt haben. Das gilt es zu respektieren, wenn man hier leben und Teil dieser Gesellschaft sein möchte: Dem Anderen seine eigene Identität zu belassen, auch wenn sie fremd erscheinen mag, ist nicht immer einfach.

Das Potenzial dafür ist gegeben. Der Deutsche von heute ist, wenn wir uns in Europa umschauen, ein standhafter Demokrat, trotz der Ausfransungen am rechten und linken politischen Rand. Alltagsdiskriminierung, Rassismus und Antisemitismus gibt es zweifellos und zweifellos auch zu viel davon, dennoch steht die demokratische Grundordnung nicht auf wackeligen Beinen. Juden können in diesem Land ihren Glauben leben, ihre Feste feiern und sogar neuerdings gesetzlich geschützt die Beschneidung ihrer männlichen Nachkommen durchführen. Diese Offenheit ist eine mehr als gute Grundlage, um den nächsten Schritt zu tun – von einer Zuwanderungsgesellschaft in eine Aufnahmegesellschaft, die wir de facto bereits sind. Im Grunde muss also eine Frage wie: Wer sind die Deutschen und wohin wollen sie gehen? umformuliert werden in: Wer sind wir Deutsche und wohin wollen wir gehen? Ein Denkmuster, das in den Köpfen Einzug halten sollte, wenn wir ein gemeinsames Nationalgefühl entwickeln wollen – und das nicht nur beim Fußball.

Michael Rubinstein

MICHAEL RUBINSTEIN: Was heißt es für dich, dein Muslim sein in Deutschland zu leben?

LAMYA KADDOR: Muslim sein in Deutschland? Bei mir kulminiert das eigentlich in der Ramadan-Zeit und natürlich beim anschließenden Fest des Fastenbrechens. Das ist für mich religiös die intensivste Zeit im Jahr. Wenn ich faste – und wenn ich nicht krank bin oder einen anderen Grund habe, weswegen ich nicht fasten kann oder darf –, bin ich spätestens nach zehn Tagen Ramadan recht demütig. Man erlebt eine innere Einkehr, sinniert über sein Dasein, sein Anfang und Ende. Man stellt sich die existenziellen Fragen. Fernab der spirituellen Ebene ist es in der Regel aber auch unheimlich gesellig. Man fastet tagsüber, das heißt, man bereitet für den Abend ein besonders reichhaltiges Mahl vor. Beim Ramadan geht es nicht ums Fasten im eigentlichen Sinn. Abgesehen davon, dass es ein Gebot Gottes ist, ist es vor allem eine Art meditative Übung zur Beherrschung des Körpers. Abends darf man also allen Gelüsten wieder nachgeben, und das heißt, gemeinsam schlemmen, mit der Familie, mit Freunden, mit Bekannten, am besten mit 20 Leuten und mehr. Angefangen wird das Essen nicht irgendwie, sondern immer mit einer Dattel und einem Schluck Wasser. So hat es uns der Prophet Muhammad gemäß der Überlieferung vorgemacht.

MICHAEL RUBINSTEIN: Bei uns gibt es übrigens etwas Ähnliches: das »Anbeißen« an Jom Kippur, dem Versöhnungstag. Da müssen wir rund 25 Stunden fasten. Die Zeit wird dann auch feierlich beendet, eben mit dem »Anbeißen«, wie wir es nennen.

LAMYA KADDOR: Bei uns steuert man insgesamt rund 30 Tage auf das Fest am Ende des Ramadan zu. Schon eine Woche vorher brach in meiner Familie früher immer die Hektik aus. Es mussten ja tonnenweise spezielle Süßigkeiten für die Festtage gebacken werden. Außerdem gab es für alle neue Kleidung, und die mussten wir uns in dieser Woche bereits aussuchen. Die brauchte nicht immer weiß oder schwarz zu sein, aber schick sollte sie schon aussehen. Am Tag selbst haben wir uns dann nach dem Anziehen gegenseitig gratuliert, teilweise meinen Eltern die Hand geküsst. Meine Mutter wollte das zwar eigentlich nie und mein

Vater im Grunde auch nicht, aber man kann schon sagen, dass das für viele muslimische Kinder so üblich ist. Dann gingen mein Vater und mein Bruder zum Festtagsgebet in die Moschee. Das dauert nicht lange. Nach weniger als einer Stunde waren sie meistens wieder da. Wir Mädels blieben zuhause und bereiteten währenddessen das Frühstück vor: Endlich wieder Frühstück, nach 30 Tagen! Ich sag dir, das ist toll. Bevor es losging, gab es allerdings erst einmal die Geschenke. Unsere Eltern waren immer recht großzügig, sodass wir uns nie beschweren mussten. Dann wurde endlich ausgiebig gefrühstückt und erzählt – locker bis zum Mittag, bis die ersten Gäste kamen: Familie, Freunde und der ganze Anhang. Bis zum Abend gaben sie sich die Klinke in die Hand. Am zweiten und dritten Tag kamen weitere Gäste oder man fuhr selbst jemanden besuchen. Wer wen besucht, wird meist nach Alter und Verwandtschaftsgrad bestimmt. Meine Eltern gehören in Deutschland zu den Ältesten, so dass wir immer besonders viel Besuch hatten. Heute ist das vergleichsweise wenig geworden. Zum einen lebt man sich etwas auseinander, wenn die Familie zunehmend verstreut wohnt, zum andern schwächt sich die Tradition des Besuchens gerade bei den Jüngeren ab – man wird immer »deutscher«, wenn ich das mal so sagen darf: Man beginnt zu überlegen: Muss ich wirklich dahin fahren? Eigentlich fehlt mir die Lust und zuhause ist es sooo gemütlich … Früher war Besuchen selbstverständlich. Inzwischen sage ich auch oft: Ach, komm, ein Telefonat reicht doch oder eine E-Mail. Sag mal, wie lebst du deinen jüdischen Alltag?

MICHAEL RUBINSTEIN: Jeden Tag von 9 bis 17 Uhr – mindestens. Dann verlasse ich das Büro und fahre nach Hause …

LAMYA KADDOR: Ha, ha. Hast du heute einen Clown gefrühstückt? Na, jetzt sag mal, was ist für dich das wichtigste religiöse Fest? Purim?

MICHAEL RUBINSTEIN: Genau, da kann ich mich betrinken oder muss es nach jüdischem Gesetz sogar! Aber an Pessach muss man ebenfalls vier Gläser Wein trinken, auch wenn der übermäßige Alkoholkonsum ansonsten im Judentum verpönt ist. Nein, es gibt zwei Sachen: Die wichtigsten Feiertage für mich sind sicherlich der

Schabbat und Jom Kippur, an dem man Gott um Verzeihung bittet, um Vergebung der eigenen Sünden. Man schlägt sich mit der Faust symbolisch auf die Brust, damit sich das Herz öffnet, und zählt alle Vergehen einzeln auf. Es ist der Tag mit der größten Einkehr und zugleich dem stärksten Diskurs, weil ich die Zeit nutze, um wirklich zu beten und mit Gott zu hadern. Ich reflektiere mein Leben und überlege, was ich nächstes Jahr besser machen kann. Dann kommen die guten Vorsätze. Allerdings habe ich mir vorgenommen, mir nicht mehr zu große Vorsätze zuzumuten: Besser kleine Vorsätze und ich halte sie ein, als große Vorsätze und ich vergesse sie wieder.

Was den Schabbat betrifft, auch wenn ich ihn nicht unbedingt genau einhalte, ist es für mich jedes Mal ein besonderes Gefühl, wenn ich in die Synagoge gehe – entweder in Duisburg, wo ich arbeite, und ganz besonders in Düsseldorf, wo ich aufgewachsen bin. Ich bin jetzt 41 Jahre alt und habe quasi 41 Jahre lang dort den Platz neben meinem Vater besetzt. Mein Vater sitzt heute auf dem Platz, wo früher sein Vater gesessen hat. Er ist einen Platz aufgerückt und ich weiß, irgendwann rücke ich auch wieder einen Platz auf – ich hoffe natürlich nicht so bald, mein Vater soll ja noch lange leben und gesund bleiben. Wenn ich samstagsmorgens in den Gottesdienst gehe oder auch freitagsabends, geht meine jüdische Seele auf. Ich kann dem Gottesdienst sehr gut folgen und alles mitsingen. Es ist wie ein Nachhause kommen, wenn mein Vater neben mir steht oder ich neben meinem Vater, ganz jüdisch emotional. Das kann man nicht so genau erklären.

Wir wurden nicht sonderlich religiös erzogen, dennoch gab es freitags immer Religionsunterricht. Erst ging es in den Kindergottesdienst, danach in den großen Gottesdienst. War der vorbei, fuhren wir zum gemeinsamen Essen nach Hause. Allen war klar: Freitagabend verbringen mein Bruder, meine Schwester und unsere Eltern die Zeit zusammen. Wir saßen um den Küchentisch oder im Wohnzimmer. Meine Mutter hatte die klassischen Speisen auf den Tisch gestellt, die Challot, die geflochtenen Schabbat-Brote und an Festtagen gab es die süßen Äpfel in Honig oder Gefilte Fisch – halt all die verschiedenen Sachen, die man an besonderen Tagen so essen soll. Das war wirklich schön. Mein Großvater, der inzwischen gestorben ist, aß früher immer den Kopf des

Karpfens. Ich erinnere mich genau, mit welch einer Wonne er diesen Kopf verspeist hat und sich ständig Gräten aus dem Mund zog …

Das sind so meine stärksten Erinnerungen. Unsere Eltern meinten: Wir leben zwar nicht orthodox, aber die wichtigen Familienfeiern möchten wir schon zusammen feiern. Judentum bedeute schließlich auch Familie. Gern erinnere ich mich da auch an Rosch ha-Schana, das jüdische Neujahrsfest. Da war unser Haus ebenfalls voll mit Gästen. Erst ging es in den Gottesdienst, man hörte sich an, was der Rabbiner Positives über das Leben zu sagen hatte oder was er zu kritisieren hatte. Anschließend saß man beieinander, redete darüber, aß gemeinsam, verlebte einen schönen Abend und noch weitere gesellige Tage. Das muss einfach sein. Das gehört dazu, wenn man Jude ist. Bei uns wird es allerdings auch weniger. Früher waren wir mit viel mehr Personen zusammen. Jetzt gibt es weniger Großeltern, Teile der Familie sind über Düsseldorf, Duisburg, Berlin verstreut, meine Kusine lebte drei Jahre in Amerika mit ihren Kindern und ihrem Mann. Da ist der Festtagstisch nicht mehr ganz so groß.

LAMYA KADDOR: Wenn bei euch früher gekocht wurde, hat deine Mutter darauf geachtet, dass beispielsweise bei Festivitäten die Speisenregeln eingehalten wurden, dass man beispielsweise Töpfe und Handtücher trennt, um Fleischiges und Milchiges nicht zusammenzuführen?

MICHAEL RUBINSTEIN: Bei uns wurde das nie so streng getrennt. Wir haben aber die wichtigsten Speisegesetze, die Kaschrut, schon eingehalten. Es wurde also beispielsweise kein Schweinebraten oder eine milchige Soße zum Fleisch serviert. Und wenn meine Mutter Lamm macht, kocht sie es selbstverständlich auch nicht in Milch. Meine Eltern vertraten die Auffassung: »Wir essen unsere traditionellen Speisen, aber wir definieren unser Judentum nicht über unser Essen.« Ist das bei euch strenger gehalten worden?

LAMYA KADDOR: Ja, definitiv. Allerdings gibt es im Islam bei weitem nicht so viele Speiseregeln wie bei euch. Schweinefleisch – das wäre für meine Eltern in ihren kühnsten Träumen nicht möglich gewesen. Allerdings haben sie nicht immer Halal-Produkte gekauft, also vor allem nach islamischem Ritus geschlachtetes Fleisch. Inzwischen achten sie stärker darauf, das hat aber mit der Marktlage zu tun. Man bekommt Halal-Fleisch fast überall. Früher war das anders, und meine Eltern hatten wenig Lust, ein Schaf selbst zu schlachten und es auseinanderzunehmen. Gott, sei Dank, kann ich nur sagen. Wir Kinder hätten so einen Anblick vermutlich nicht verkraftet. Die Bilder aus Syrien, wo mitunter offen auf den Straßen geschlachtet wird, reichten uns. Alkohol wurde bei uns natürlich ebenso wenig getrunken. Wir hatten nicht mal etwas Alkoholisches im Haus, außer einige Medikamente oder Putzmittel. Auch Hygieneregeln wurden eingehalten, bis heute werden überall die Schuhe ausgezogen. Also von daher war es bei uns schon etwas strenger.

MICHAEL RUBINSTEIN: Wie empfindest du es, dass in Deutschland die islamischen Feste öffentlich kaum Beachtung finden?

LAMYA KADDOR: Meine Eltern sind beide der Meinung, dass hier keine Festtagsstimmung aufkommen könne. Sie vergleichen das natürlich mit Syrien, wo im Ramadan das ganze Land Kopf steht: Überall sind die Straßen geschmückt oder mit Ramadan-Grüßen behangen, es gibt besondere Shopping-Angebote, das Fernsehprogramm wird umgestellt und so weiter. Selbst an Weihnachten werden in Syrien Tannenbäume geschmückt und Weihnachtsmänner aufgestellt. Jeder gratuliert jedem, gleich welcher Religion er angehört. Aus meiner Sicht wirkt sich in Deutschland vor allem auf die Stimmung aus, dass die Mehrheit hier unsere Feste nicht einmal kennt.

MICHAEL RUBINSTEIN: Das sehe ich anders. Feiern im Judentum finden überwiegend in der Familie statt und als Familie ist man zu Hause. Das Festliche ist bei uns somit nicht örtlich gebunden.

LAMYA KADDOR: Das ist es bei uns auch nicht, das Fest findet ebenfalls im Familien- und Freundeskreis statt. Nur ist es doch etwas anderes, wenn du das Fest im Bewusstsein begehst, um dich herum feiern alle mit, wenn dich auf den Straßen überall fröhlich Gesichter anschauen. Hier gehst du raus und denkst, okay, kein Mensch weiß, dass du dreißig Tage gefastet hast und heute dein Festtag ist. Mir geht es nicht darum, dass sich daran etwas ändern muss, aber für das Aufkommen von Festlichkeit spielt es eben eine Rolle. Selbst an meiner alten Schule, an der ich gearbeitet habe und die überwiegend von muslimischen Schülern besucht wurde, haben mir anfangs von Dutzenden Kollegen vielleicht drei zum Ramadan-Fest gratuliert. Entweder wussten sie es nicht oder es hat sie nicht interessiert.

MICHAEL RUBINSTEIN: Nun, mir fehlen da ein bisschen die Vergleichsmöglichkeiten. Da ich nie länger als ein paar Wochen in Israel bin, kenne ich die meisten Feste nur von hier. Klar, wenn man Pessach in Israel erlebt, bekommt man schon vier Tage vorher im Hotel mitgeteilt, dass es kein Brot mehr gibt und die Auswahl an Speisen eingeschränkt wird. Das ist schon anders.

LAMYA KADDOR: Bist du eigentlich dafür, dass es in Deutschland offizielle jüdische oder islamische Feiertage gibt?

MICHAEL RUBINSTEIN: Für Juden gibt es sie bereits. Wir haben gesetzliche Vereinbarungen, dass der Arbeitgeber den Arbeitnehmer an bestimmten Feiertagen freistellen muss – er muss ihm Urlaub gewähren. Auch in Schulen dürfen oder sollen an diesen Tagen keine Klausuren geschrieben werden. Das finde ich gut. Das hat etwas mit dem Respekt zu tun. Damit hat es sich aber auch. Es gibt in Deutschland 250000 Juden, da muss es nicht unbedingt staatlich anerkannte jüdische Feiertage geben. Es wäre vielleicht eine symbolische Handlung, aber sie hätte enorme volkswirtschaftliche Auswirkungen, sodass sich die Frage nicht ernsthaft stellt.

LAMYA KADDOR: Wir Muslime sind zwar ein paar mehr in Deutschland, aber ich tu mich auch schwer damit. Die Hansestadt Hamburg ist jüngst als erstes Bundesland vorgeprescht und hat mit mehreren islamischen Organisationen einen Vertrag geschlossen, der den Muslimen dort ähnlich Rechte wie euch gewährt. Bremen zog Anfang 2013 nach. Andere Bundesländer werden folgen. Selbst wenn Deutschland aus meiner Sicht schon »multikulti« ist, so identifiziert sich die Gesellschaft noch lange nicht damit. Selbst der Staat versteht sich als säkularer Rechtsstaat auf den Grundlagen des christlichen Abendlandes. Ich weiß nicht, ob sich das Land unbedingt mit der Forderung nach einem muslimischen oder auch jüdischen Feiertag belasten muss. Ich fordere es jedenfalls nicht. Wie oft gehst du eigentlich in die Synagoge?

MICHAEL RUBINSTEIN: Samstagmorgen gehe ich zugegebenermaßen relativ selten, weil das eigentlich für mich der einzige freie Tag in der Woche ist. Genau kann ich es dir nicht sagen, wie oft ich gehe. Das hängt sicherlich immer ein wenig davon ab, wer zurzeit Rabbiner ist. In Duisburg haben wir derzeit Paul Strasko, der ist wunderbar. Bei ihm spüre ich Spiritualität und deshalb gehe ich gern hin. Ich freue mich und er freut sich. Allein diese »Willkommenskultur« ist schon eine große Motivation.

Jüdische Gemeinden haben oft eine komplette Infrastruktur. In meiner Heimatgemeinde Düsseldorf bin ich nach dem Kindergarten mindestens zwei-, dreimal pro Woche gewesen. Irgendwann kennt man alle Gemeindemitglieder, und dann ist es kein Wunder, dass die Synagoge an hohen Feiertagen voll ist. Nach den Gottesdiensten spricht man miteinander, schließt Freundschaften. Durch das Gemeinschaftsgefühl als jüdische Gemeinde entsteht schon eine besondere Atmosphäre. Wenn jemand mal drei Wochen nicht erscheint, macht man sich sofort Gedanken, ob etwas passiert sein könnte. Allerdings ist das inzwischen im Wandel. In Duisburg kannte ebenfalls jeder jeden. Bevor die Neuzuwanderer kamen, zählte die Gemeinde 120 Menschen. Ab einer gewissen Größe entsteht dann eine anonyme Masse.

Wir sind jetzt 2700 Gemeindemitglieder. Da geht im Alltag viel Gemeinschaftsgefühl verloren – ich möchte sagen: Ähnlich wie bei den christlichen Kirchen, wo mehr und mehr Gemeinden zu unüberschaubaren Einheiten fusionieren. Wie oft gehst du denn in die Moschee?

LAMYA KADDOR: Ich würde gern öfter gehen. Das Problem ist nur, dass ich bisher keine Moschee gefunden habe, die mich anspricht, von der ich sage, hier fühle ich mich willkommen, hier passe ich her. Hier spricht der Vorbeter oder Imam meine Sprache – sowohl im eigentlichen Sinn, also Deutsch, als auch im übertragenen Sinn, also theologisch liberal. Eine Predigt soll meiner Meinung nach in gewisser Weise Spaß machen, echte Freude am Glauben vermitteln. Eine solche Moschee habe ich bisher nicht gefunden, und das gibt mir zu denken. Es gibt quasi keine moderne Homiletik im Islam, also eine moderne Lehre über inhaltliche und didaktische Gestaltung von Predigten. Man kann generell sagen, eine moderne »Moscheepädagogik« existiert nicht. Viele Imame verfolgen einen eher autoritären Stil, nehmen den Habitus eines Allwissenden an. Andere stehen vorn, lesen teilnahmslos irgendetwas vor, ohne einen inneren Bezug zur Thematik. Das macht viele Predigten langweilig, außerdem sind sie oft nur an Männer gerichtet. Und um das rituelle Gebet auszuführen, muss ich als Frau selbst nach klassischer Lehre sowieso nicht in die Moschee gehen. Ich würde gern so etwas haben, was du beschreibst, eine Gemeinde mit pädagogischen Angeboten und vielen sozialen Kontakten. Im Grund bin ich als Mitbegründerin und Vorsitzende des Liberal-Islamischen Bundes dabei, so etwas selbst aufzubauen. Das ist nur nicht so einfach, ohne finanzstarke Gönner hinter sich. Jedenfalls arbeiten wir an der Muslimischen Gemeinde Rheinland. Bislang findet zunächst einmal im Monat ein gemeinsames Gebet in Köln statt, Männer und Frauen gemischt!

MICHAEL RUBINSTEIN: Das klingt bei dir auch alles so »normal«. Warum denken so viele Menschen in Deutschland, Muslime und Juden gehen ständig ihrer Religion nach?

LAMYA KADDOR: Weil unsere Religionen vor allem als Gesetzesreligion gesehen werden. Man hat die Scharia im Kopf – o Gott, die Scharia –, dieses vermeintliche so eindeutige »Gesetzbuch«, wonach wir angeblich alle leben. Bei den Juden hat man stets die Orthodoxen mit ihren Schläfenlocken und Gebetsriemen vor Augen, die ständig mit dem Oberkörper hin und her wippen und beten. Die Hälfte der muslimischen Frauen in Deutschland trägt Umfragen zufolge kein Kopftuch. Trotzdem denken alle: Im Islam ist es unumstritten, dass Frauen ein Kopftuch zu tragen haben. Ich selbst habe eine theologische Abhandlung vorgelegt, warum das Kopftuch obsolet ist. Ich wurde in meinem Leben einfach so häufig mit dieser Frage konfrontiert, dass ich sie für mich mal abschließend klären wollte.

MICHAEL RUBINSTEIN: Dieses Bild von uns hat vermutlich auch damit zu tun, dass das Christentum in Deutschland auf dem Rückzug ist.

LAMYA KADDOR: Nein.

MICHAEL RUBINSTEIN: Ich würde sagen: doch! Man sieht die Schwäche der einen und sieht umso kritischer die vermutete Stärke des anderen. Auf der einen Seite hast du die Diskussionen über die Kraft des Islam und den »Krieg der Geburten«, weil Muslime ja angeblich mehr Kinder auf die Welt setzen als Christen; dabei steht es jedem frei, fünf oder mehr Kinder zu bekommen, oder eben keines – eine wirklich perverse Diskussion. Auf der anderen Seite rennen den Kirchen – also nicht dem Christentum – die Leute weg.

LAMYA KADDOR: Deine Überlegung teile ich ein Stück weit, würde aber eine andere Schlussfolgerung daraus ziehen. Das Entscheidende ist schon, dass die Menschen den Kirchen wegrennen, sich aber nicht unbedingt vom Glauben an Gott entfernen. Man kann in jeder Religion das Erstarken des Religiösen beobachten, besonders die extremeren Strömungen verzeichnen starken Zulauf. Zugleich existiert aber eine ziemlich große Gruppe, die nach außen hin mit Religion nichts zu tun hat – davon sind trotzdem noch viele Kirchenmitglieder. Im Vergleich zu dieser Gruppe sind die tief Gläubigen zahlenmäßig relativ klein, allerdings können sie sich mit einem lautstarken Auftreten bestens Gehör verschaffen. Deshalb würde ich eher davon ausgehen, dass wir in dieser Gesellschaft eine Konfrontation zwischen Areligiösen und Religiösen haben, und dass die vermeintlich stärkere Verankerung von Muslimen oder Juden im Glauben eher vor diesem Hintergrund gesehen werden muss.

MICHAEL RUBINSTEIN: Das ist auch ein Argument. Denkst du denn jeden Tag darüber nach, dass du Muslimin bist?

LAMYA KADDOR: Ich habe mal gesagt, ich sei Berufs-Muslima. In den vergangenen 15 Jahren habe ich eigentlich tagtäglich irgendetwas zum Islam erzählt oder geschrieben. Aber mein Alltag ist natürlich nicht allein vom Glauben bestimmt. Ich bemühe mich, das fünfmalige Gebet einzuhalten, aber ich würde soziale Verpflichtung gegen ein Gebot abwägen. Ich nenne das »glauben mit Verstand«. Ich sage »bismillah« (im Namen Gottes) zum Essen – mal laut, mal still für mich –, oder ich sage »inschallah« (so Gott will), wenn ich über die Zukunft spreche. Möglicherweise verstehe ich das anders als viele in der arabischen Welt nicht nur als Floskel.

MICHAEL RUBINSTEIN: Du trägst kein Kopftuch. Wie wichtig ist das für dich, nach außen zu zeigen, dass du Muslimin bist?

LAMYA KADDOR: Gar nicht. Ich lege keinen Wert darauf, dass das jemand sieht. Aber ich verstecke es auch nicht, wenn man mich fragt. Ansonsten spiele ich gern mit der Identitätsfrage. Vielen fällt es schwer, mich einzuordnen. Wenn ich meine Tochter in den jüdischen Kindergarten bringe, denken viele: Na, das ist bestimmt auch eine jüdische Mama. Im Ausland wurde ich schon oft für eine Jüdin gehalten, weil sie sich eine Jüdin mit dunklen Haaren, dunklen Augen und heller Haut vorstellen. Aber wie gesagt, ich mag das Spiel spielen.

Wir leben in einem Land, in dem jeder Mensch frei ist, solange er keine extremen Auffassungen vertritt. Außerdem kann man hier heutzutage alles bekommen, von Gummibärchen ohne Schweingelatine bis zum geschächteten Rind. Im privaten Umfeld werden die Leute auch immer offener: Wenn man auf einer Party bei nichtjüdischen oder nichtmuslimischen Familien eingeladen ist, achten schon viele darauf, dass es nicht nur die Schweinshaxe gibt. Vor kurzem war ich auf dem Geburtstag einer Freundin unserer Tochter. Die Mutter hatte extra Geflügelwürstchen besorgt. Leider waren es dann keine reinen Geflügelwürstchen, in vielen wird Schweinefleisch beigemischt. »Aber es steht doch drauf«, entgegnete mir die Mutter. »Ja, aber was drauf steht, ist nicht immer das, was drin ist«, antworte ich und hob die Schultern. Das hat ihr wirklich leid getan und mir auch. Das war sehr unangenehm. Da macht sie sich eigens Gedanken, obwohl wir uns noch gar nicht so lange kennen, und dann passt es nicht. Diese Situation kennt vermutlich jeder Vegetarier. Man muss sich halt auf so etwas einstellen, man kann nicht erwarten, dass alle es einem recht machen.

MICHAEL RUBINSTEIN: Zumindest nicht, wenn es keine ganz guten Freunde sind. Es stimmt schon, man kann in Deutschland gut klarkommen, wenn man sich nicht hundertprozentig an die Speisevorschriften hält. Würde man das machen, dürfte man ja woanders gar nichts essen. Meistens gibt es kein koscheres Geschirr, kein koscheres Besteck. Man könnte nicht mal auf etwas Vegetarisches ausweichen. Also entweder ist man kompromissbereit oder sagt, man kommt, trinke aber höchstens ein Glas Wasser. Hast du denn selbst immer etwas Vegetarisches vorbereitet, wenn du Besuch bekommst?

LAMYA KADDOR: Ja, wenn Leute kommen, von denen ich nicht weiß, was sie essen, immer.

MICHAEL RUBINSTEIN: Ich frage vorher nach, wenn ich zum Essen einlade. Nur wird es dann manchmal richtig kompliziert, wie letztens, als ein Teil meiner Familie kam: Die einen essen nur koscheres Fleisch, die anderen vegetarisch, die dritten keinen Fisch. Und bitte milchig und fleischig trennen und …

Lamya Kaddor: Hast du es hinbekommen?

Michael Rubinstein: Ja, es hat letztendlich funktioniert.

LAMYA KADDOR: Bravo. Pluralität kann anstrengend sein, nicht wahr? Was mich allerdings wirklich ärgert, ist, wenn bei Fachtagungen nicht aufs Essen geachtet wird. Da ich dauernd unterwegs bin, erlebe ich das häufig. Da wird gezielt eine Veranstaltung zum Thema Islam angeboten, und die einzige warme Hauptmahlzeit besteht aus Schweinefleisch oder in der Beilage ist Speck verarbeitet.

MICHAEL RUBINSTEIN: O ja, oder eine Veranstaltung zum Judentum wird auf Freitagabend gelegt – also auf den Schabbat. Besonders schön ist auch, wenn ausgerechnet ein Integrationsministerium ein Seminar für Rabbiner, Imame und Pfarrer anbietet, das genau von Freitag bis Sonntag stattfinden soll. Freitag kann der Muslim nicht, Samstag der Jude und Sonntag der Christ nicht, weil sie jeweils die Gottesdienste und Gebete leiten müssen. Schön war auch eine große Gesellschaft in Duisburg, die vor allem mit Muslimen arbeitet, und ihre Jubiläumsfeier auf den Nachmittag gelegt und mit üppigem Buffet geworben hat – mitten im Ramadan. Ich meine, das ist sicher keine böse Absicht, aber schon arg oberflächlich.

LAMYA KADDOR: Und als Argument kommt dann, man könne nicht alle Festtage von Juden, Muslimen und am besten auch noch allen anderen religiösen Gruppen im Kopf haben.

MICHAEL RUBINSTEIN: Nein, im Kopf nicht, aber wir leben im Zeitalter des Internet. Wenn man Wert darauf legt, dass bestimmte Menschen kommen, sollte man nicht so unüberlegt handeln. Wenn man keinen Wert darauf legt, lege ich auch keinen Wert darauf, eingeladen zu sein.

LAMYA KADDOR: Siehst du die rechtliche Gleichstellung von Juden in Deutschland vollzogen?

MICHAEL RUBINSTEIN: Das geht gar nicht anders, denn es zählt nicht meine Religion, sondern meine Staatsangehörigkeit. Ich habe die gleichen Rechte und Pflichten wie alle anderen. Siehst du das anders?

LAMYA KADDOR: Als deutsche Bürger sind Muslime natürlich rechtlich gleichgestellt. Auch privat können sie, wie gesagt, ihren Glauben frei leben. Wechselt man aber auf die rechtliche Ebene, springen einem die Unterschiede förmlich ins Auge: Das fängt beim Religionsunterricht an, der nach wie vor in den Kinderschuhen steckt, und hört bei der Besetzung der Rundfunkräte auf. Juden haben beispielsweise freitagsnachmittags eine eigene Sendung im Deutschlandfunk, die sie gestalten können. Das hör ich übrigens ganz gern. Für Muslime gibt es

Vergleichbares nicht. Wir haben keine Verkündigungssendungen und keinen offiziellen Zugang zur Mediengestaltung.

MICHAEL RUBINSTEIN: Da haben wir einen Vorteil: Jüdische Gemeinden sind in der Regel Körperschaften öffentlichen Rechts. Unsere Kultussteuer wird analog zur Kirchensteuer von Finanzämtern eingezogen.

LAMYA KADDOR: Genau. Was Muslime haben, ist eine Sendung im Spartenkanal ZDFinfo oder im Online-Angebot des Senders, das »Forum am Freitag«, oder eine Hörfunksendung auf SWRinfo – früher »Wort zum Freitag«, heute »Islam in Deutschland«. Redaktionell verantwortlich sind jedoch evangelische oder katholische Redaktionen. Wobei ich offen die Frage in den Raum stellen will, ob das wirklich so gut wäre, wenn man Muslimen jetzt die Verantwortung übertrüge. Wir sehen es bei der Einführung des Islamunterrichts in Nordrhein-Westfalen oder an der Ausbildung islamischer Theologen und Religionslehrer an der Universität Münster. Die rot-grüne Landesregierung in Düsseldorf begeht immer wieder denselben Fehler: Um die Religionsgemeinschaft einzubinden, was staatsrechtlich geboten ist, hat man Beiräte gebildet. Das ist im Grunde ein vernünftiger Weg. Doch bei der Besetzung dieser Beiräte hat sich die Landesregierung voll in die Hände der vier größten Dachverbände begeben: die Türkisch-Islamische Union der Anstalt für Religion (DITIB), der Islamrat für die Bundesrepublik Deutschland, der Verband der Islamischen Kulturzentren (VIKZ) und der Zentralrat der Muslime in Deutschland (ZMD). Sie arbeitet nur mit diesen zusammen. Dabei weiß inzwischen jeder, dass diese vier Verbände längst nicht alle Muslime in Deutschland repräsentieren. Im Gegenteil. Ihr religiöses Spektrum reicht von konservativen bis teils fundamentalistisch geprägten Milieus. Die meisten Muslime in diesem Land bewegen sich aber irgendwo zwischen liberal und konservativ. Das liberale Spektrum wurde also gänzlich übergangen. Sowohl Vertreter liberaler Strömung als auch Schiiten und Vertreter des Sufismus, der islamischen Mystik, gehören mit an den Tisch. Das ist das Mindeste. Man muss sich vorstellen, dieser Beirat soll darüber befinden, wie Islam in

Deutschland zu verstehen ist und wie er an junge Menschen vermittelt werden soll. An der Uni Münster kam es zum Eklat, weil ein Vertreter der vom Verfassungsschutz beobachteten Milli Görüs in den Beirat sollte. Ich habe die Landesregierung in persönlichen Gesprächen und über die Presse vor einer einseitigen Besetzung der Beiräte gewarnt. Niemand kann innerhalb fester Strukturen sagen, was der Islam ist. »Den« Islam gibt es nicht. Man kann sich nicht als monolithischen Block verstehen – weder in der Realität noch in der Doktrin. Aber nichts. Rot-Grün zieht sein Ding in Nordrhein-Westfalen durch. Dasselbe macht die Politik in Hamburg und Bremen, übrigens auch unter Federführung der SPD, und in anderen Bundesländern wie Niedersachsen, wo wiederum unter der neuen SPD-geführten Regierung schnell ein Vertrag mit den Muslimen geschlossen werden soll. Das Problem dabei sind weniger die islamischen Verbände. Sie decken definitiv einen Teil der islamischen Bevölkerung in diesem Land ab, man darf sie nicht ausschließen – und ob Milli Görüs wirklich vom Verfassungsschutz beobachtet werden muss, ließe sich zumindest diskutieren. Das Hauptproblem ist und bleibt die Politik: Erst hat sie sich über Jahrzehnte geweigert, mit Muslimen ins Gespräch zu kommen, und plötzlich rissen sie das Ruder herum und inzwischen können sie nicht schnell genug irgendwelche Verträge mit ziemlich kopflos ausgewählten Personen abschließen.

MICHAEL RUBINSTEIN: Ich kann deinen Unmut verstehen. Wir als jüdische Gemeinden haben es da einfacher, weil wir uns überwiegend als Einheitsgemeinden verstehen, das heißt von orthodox bis liberal sollten sich alle unter einem Dach wiederfinden.

LAMYA KADDOR: Das Schlimme ist, die deutsche Politik treibt eine Verkirchlichung des Islam voran, und viele Verbandsvertreter sagen inzwischen: »Super, ist doch toll. Hauptsache, wir gehören zu den ›Auserwählten‹. Dann haben wir endlich die Oberhoheit.« Das Ganze ist schlicht unislamisch. Wenn das so weitergeht, wird das intern und im Zusammenspiel mit der Gesellschaft noch lange für Streit sorgen. Ausbaden werden es die einfachen Leute. Ich erlebe es in der Schule. Entweder bekommen die Kinder weiterhin keinen Religionsunterricht und werden in irgendwelche Verlegenheitslösungen gepackt: Wenn die Klassenkameraden in den evangelischen oder katholischen Religionsunterricht gehen, können sie ihr Pausenbrot essen – so war es zu meiner Schulzeit. Oder den Kindern wird eine Islamauffassung vermittelt, die allein von den Vorstellungen der vier Verbände beziehungsweise von Menschen geprägt ist, die wegen ihres Alters noch im Ausland – sprich, vorwiegend in der Türkei, im Nahen Osten oder Bosnien religiös sozialisiert worden sind. Es wird ein Islamverständnis gefördert, das starr und nationalistisch gefärbt ist. Das entspricht dem Wesen des Islam in keiner Weise.

Michael Rubinstein: Schau, ich war der letzte Abiturjahrgang, der jüdische Religionslehre nicht ins Abitur nehmen konnte. Das war 1992! Was für ein unterschiedliches Niveau, auf dem unsere Probleme angesiedelt sind! Es muss erst noch eine angemessene Lösung für die rechtliche Einbindung der Muslime geben. Das wäre auf jeden Fall …

Lamya Kaddor: … ein wichtiger Schritt nach vorn.

IX. Humor – Wer geht hier zum Lachen in den Keller?

Humor nimmt im Judentum eine zentrale Rolle ein«, hält Rabbiner Julian Chaim Soussan in seinem Einleitungstext zum Buch »›Jetzt mal Tacheles‹ – die jüdischen Lieblingswitze von Paul Spiegel« fest. Der Rabbiner erläutert, dass sich bereits im Talmud Komisches finde und Humorvolles sogar schon als Stilmittel in der Thora auftauche. So heißt es im Talmud beispielsweise: »Gott lacht mit seinen Geschöpfen, nicht über seine Geschöpfe.« Und der Name des zweiten Erzvaters Isaak (hebräisch »Yitzchak«) bedeutet nichts anderes als: »Er wird lachen«. Die Thora, das heißt das 4. Buch Mose der Bibel (Kapitel 22), berichtet, der König der Moabiter wollte den Propheten Bileam auffordern, das Volk Israel, das nach seinem Auszug aus Ägypten ins Land gekommen war, zu verfluchen. Bileam willigte gegen Gottes Missfallen ein. Auf einer Eselin ritt er los. Das Tier kam beim Aufstieg auf einen Berg vom Weg ab. Bileam, der vor sich hin geträumt hatte, merkte das zunächst nicht. Als er gewahr wurde, dass sie am Ziel vorbei geritten waren, führte er die Eselin zurück auf den Weg. Doch wieder wich die Eselin ab. Bileam wurde zornig, er dachte, das Tier sei stur und wolle ihn ärgern, und schlug auf es ein. Doch das half nicht. Die Eselin weigerte sich erneut, den Weg fortzusetzen. Der Prophet wurde immer wütender und drosch und drosch auf das arme Tier ein. Plötzlich fing es an zu sprechen. Der verdutzte Bileam hielt inne und hörte, wie die Eselin sagte, es gebe einen Grund, warum sie vom Weg abgewichen sei. Da sah der Prophet einen Engel Gottes, der mit einem Schwert in der Hand den Aufstieg auf den Berg versperrte. Die Eselin war sich der Gefahr durch den Engel noch vor dem Propheten bewusst geworden. Gott wollte, dass Bileam zu ihm umkehrt. Dazu hätte er gewiss einfachere Wege finden können. Doch er wählte diese humorvolle Variante.

Judentum und Humor gehören zusammen. Juden lachen gern miteinander, übereinander, über andere und sogar Gott wird dabei nicht ausgeklammert. Die Ursprünge des modernen jüdischen Witzes liegen im osteuropäischen Judentum. Sie spiegeln das Leben der zumeist armen und oft benachteiligten jüdischen Bevölkerung in den Schtetln wider, den Dörfern dieser Region. Die Figuren in den Witzen wirken zunächst naiv und dumm, bis man die Bauernschläue dahinter erkennt. Marcus Patka zufolge, dem Kurator der Ausstellung »Alle meschugge. Jüdischer Witz und Humor« im Jahr 2013 im Jüdischen Museum Wien, liegen hier die Wurzeln der Stand-up Comedy. Schon vor dem Ersten Weltkrieg seien einfache Spaßmacher aus Osteuropa nach Wien und Berlin gekommen, hätten in einem Kaffeehaus einen Sessel aufgestellt, die Jacke, die von außen ganz normal, von innen aber eine Bühnenjacke gewesen sei, umgedreht und losgelegt.

Bis heute ist der jüdische Humor Ausdruck unserer Lebensfreude. Er umfasst eine große Bandbreite. Man mag zu ihm stehen wie man will, aber auch der britische Schauspieler und Komiker Sacha Baron Cohen, der so unappetitliche Filmfiguren wie »Borat« geschaffen hat, gehört im Grunde dazu und zeigt das breite Spektrum auf.

Der klassische jüdische Witz wiederum, wenn man ihn denn so titulieren möchte, ist vielschichtig und durchaus tiefsinnig. Die häufig vorhandene Selbstironie spricht für ein gesundes Selbstbewusstsein. Der jüdische Humor mag keck sein, auch anderen Religionen gegenüber, aber gleichwohl respektvoll. Er greift die eine oder andere Eigenheit oder das vorhandene Klischee auf und spielt damit, ohne jedoch religiöse Gefühle verletzen zu wollen. Denn auch der jüdische Humor unterliegt den Regeln der jüdischen Ethik.

Gemeinsames Lachen kann ein wunderbarer »Eisbrecher« sein, um verkrampfte Situationen aufzulockern. Das dürfte auch für den jüdisch-muslimischen Dialog gelten. Noch viel mehr als uns Juden wird den Muslimen unterstellt, dass sie eher zu den weniger humorvollen Menschen zählen. Aber es gibt im Islam ebenfalls kein Verbot, Witze zu erzählen oder zu lachen. Es mag Tabus beim Humor geben, doch die gilt es zu respektieren – so weit wie die Juden in ihrem Humor gehen vermutlich wenige andere Religionen. Dieser Respekt ist Grundvoraussetzung für einen gedeihlichen interreligiösen Dialog. Humor, der sich

Religionen und religiösen Themen widmet, wandelt auf einem schmalen Grat. Auf der einen Seite steht die Meinungs- und Pressefreiheit. Auf der anderen Seite stehen religiöse Gefühle. Beides kann schnell verletzt werden. Häufig geschieht das unbedacht oder aus Unwissenheit und ist damit teilweise entschuldbar. Dagegen ist die Verletzung religiöser Gefühle als bewusste Provokation einzusetzen immer mit einem bitteren Beigeschmack verbunden. Die Versuchung, genau das zu tun, sei es in Satire-Blättern oder unter dem Sammelbegriff der Kunst, ist leider sehr groß, betrifft aber wohl in Deutschland vor allem Muslime und Christen. Es sind ihre religiösen Gefühle, die immer unnötig wieder verletzt werden, weil andere sich dadurch Profit erhoffen.

Es ist und bleibt ein großer Unterschied, ob wir miteinander oder übereinander lachen. Und in meinen zahlreichen Begegnungen mit Muslimen stelle ich fest, wir können ganz gut miteinander lachen – tun es aber viel zu selten. Unserem Dialog fehlt auf beiden Seiten häufig die gesunde Prise Humor, das Augenzwinkern zwischendurch. Zumindest bei offiziellen Anlässen, die häufig von einer deutlich zur Schau getragenen Ernsthaftigkeit und Zurückhaltung geprägt sind.

Wer einmal auf einer jüdischen oder muslimischen Hochzeit gewesen ist, der wird die Lebensfreude und Ausgelassenheit gespürt haben, die dort herrscht. Warum vernachlässigen wir diesen Aspekt so häufig, wenn wir miteinander in Berührung kommen? Warum versuchen wir, vielleicht sogar entgegen unserem Wesen, eine überwiegend sachliche Ebene aufrecht zu erhalten? Ist es die Furcht, mit zu viel Offenheit unser Gegenüber zu verstören? Ihm einen Schritt zu nahe zu kommen durch eine bestimmte Bemerkung? Manchmal ist zu viel Respekt offenbar kontraproduktiv. Eine gut gesetzte Pointe kann diesen Knoten durchaus lösen.

Ich stelle immer wieder fest, wie Offenheit und Herzlichkeit Türen öffnen und Mauern einreißen können. Es mag nach Folklore klingen, aber manch gemeinsam getrunkener Tee oder Kaffee erreicht mehr im zwischenmenschlichen Bereich als ein staubtrockener Vortrag. Und die eine oder andere spitze Bemerkung, die eine oder andere lustige Anekdote nimmt einer Podiumsdiskussion nichts – außer der Verkrampfung. Humor bedeutet nicht zwangsläufig, sich auf die Schenkel schlagen zu können vor lauter Lachen. Schon ein gemeinsames Schmunzeln schafft mehr Vertrautheit.

Michael Rubinstein

Michael Rubinstein: Du möchtest einen jüdischen Witz hören? Bitte sehr! Kommt ein Jude zum Metzger, zeigt auf das Schweinefilet und sagt: »Ich hätte gern zwei Kilo von dem Fisch da.« Der Metzger schaut ihn entsetzt an: »Aber Herr Boskowitsch, das ist doch Schweinefleisch. Das können Sie als gläubiger Jude nicht essen!« Herr Boskowitsch antwortet: »Was interessiert es mich, wie der Fisch da heißt!« – Das ist ein Paradebeispiel dafür, wie jüdische Menschen denken. Schön ist auch: »Moische sucht verzweifelt einen Parkplatz. Nach einer halben Stunde guckt er gen Himmel und sagt: Entschuldigung Gott, ich bin's, Moische. Ich brauche Deine Hilfe. Ich kann keinen Parkplatz finden. Ich verspreche Dir, wenn Du mir einen zeigst, werde ich jede Woche in die Synagoge gehen und mich an alle jüdischen Gesetze halten! Im selben Moment wird ein Parkplatz vor ihm frei. Moische guckt wieder zum Himmel hoch und sagt: Ach, mach Dir keine Mühe, Gott, ich habe gerade einen gefunden.«

Lamya Kaddor: Der ist super!

Michael Rubinstein: Warte, warte, noch einer: »Shalom Schmuel, sag, was hast du denn bei dem Radiosender gemacht?« »I-ich habe mi-mi-mich u-um die Sch-sch-stelle als M-m-modera-a-tor beworben.« – »Und? Haben sie dich genommen?« – »N-n-nein! N-n-natürlich nnicht. S-sind alles A-an-an-tisemiten dort!«

Lamya Kaddor: Sag mal, hätte ich diesen Witz auch erzählen können? Oder hätte man mich für feindselig gehalten?

Michael Rubinstein: Na klar hättest du den erzählen können, aber es stimmt natürlich schon. Das Typische am jüdischen Witz ist, dass Juden sich selbst auf den Arm nehmen und nicht von Nicht-Juden auf den Arm genommen werden. Es geht ja nicht darum, Juden als dümmlich darzustellen oder einzelne Klischees breitzutreten. Im Gegenteil: Die sollen gerade humorvoll entlarvt werden. Der Witz ist eine Möglichkeit, auf die Feindseligkeiten der Umgebung zu reagieren, meist indem große Gelassenheit demonstriert wird. Es gibt sogar Witze, in denen versucht wird, die schlimme Zeit des Nationalsozialismus aufs Korn zu nehmen. Paul Spiegel, der frühere Präsident des Zentralrats der Juden in Deutschland, schrieb einmal:»Jüdischer Humor war und ist die schönste Waffe einer Minderheit, denn Humor tötet nicht.« Der jüdische Witz ist kein Judenwitz und er ist nicht vergleichbar mit Ostfriesen- oder Schottenwitzen.

Man macht keine Witze um der Witze willen. Es geht um Tiefgründiges, um das Reflektieren des eigenen Daseins. Typisch für den jüdischen Witz ist auch, dass meist ein Körnchen Wahrheit darin ist. Der Witz mit dem Schweinefleisch etwa besagt: Im Judentum gibt es strenge Regeln, aber wenn wir nicht wissen, dass wir eine davon brechen, brechen wir sie nicht bewusst. Und wenn man etwas unbewusst tut, ist es nach jüdischem Gesetz kein strafbares Vergehen. Im jüdischen Witz steckt also immer auch Ernsthaftigkeit. Außerdem diskutieren wir gern. Man sagt nicht umsonst: zwei Juden, drei Meinungen. Das gilt in religiösen Belangen nicht weniger. Man kann auf der einen Seite ernsthaft debattieren, auf der anderen Seite humorig. Das macht die jüdische Religion aus. Mein Vater beliebt beispielsweise zu Pessach, wenn wir nur ungesäuertes Brot (Matzen) essen dürfen, über jene zu scherzen, die besonders laut hervorheben, dass sie sich an das Gebot hielten:»Nein, ich esse kein Brot, nur Matzen. Der schmeckt wirklich lecker – vor allem mit Schinken und Käse!« Mit solchen Sprüchen nehmen wir uns selbst auf den Arm: Wir dürfen schließlich kein Schweinfleisch essen, und Schinken und Käse zusammen schon gar nicht. Das ist eine der bekanntesten jüdischen Speiseregeln, fleischige und milchige Produkte nur getrennt voneinander zu verzehren.

LAMYA KADDOR: Ist der jüdische Humor möglicherweise eine Form, die Tragik der jüdischen Geschichte zu verarbeiten?

MICHAEL RUBINSTEIN: Lachen und Weinen liegen bei uns dicht beieinander. Laut Rabbiner Julian Chaim Soussan diente der jüdische

Witz tatsächlich »der jüdischen Minderheit in ihrem annähernd 2000-jährigen Exil als Katalysator, um mit Antisemitismus, Unterdrückung und Zensur umzugehen.« Meines Erachtens wären wir heute nicht mehr ein so lebendiges Volk, wenn wir nicht über uns und andere lachen könnten. Die harten Lebensumstände haben die Juden in den vergangenen Jahrhunderten entweder zum Abfall von ihrer Religion, zur Verzweiflung oder zum Humor getrieben. Manchmal ist Humor in schwerer Zeit ein Signal, das einen zum Licht am Ende des Tunnels weist. Das klingt ein bisschen pathetisch, ich weiß, ich könnte mir aber ein Leben ohne Humor nicht vorstellen. Und, sag mal, wann du das letzte Mal so richtig gelacht hast?

LAMYA KADDOR: Hm, das müsste nach der Geburt meines Sohnes gewesen sein. Er lag vor mir, ich saß auf dem Bett und war gerade dabei, ihn zu wickeln. Als der Popo sauber war, griff ich zur neuen Windel und in dem Moment gab es einen lauten Donnerhall ... und es ergoss sich ein großer Schwall genau in meinen Schoß. Du glaubst gar nicht, wie viel aus so einem kleinen Körperchen rauskommen kann. Der schien gar nicht mehr aufzuhören. Ich glaube, nach dem ersten Schreck musste ich wirklich ziemlich herzlich lachen ... In dieser Geschichte steckt jetzt zwar wenig Intellekt ... Und ich bin auch kein Witze-Erzähler-Typ. Ich kann mir Witze sehr schlecht merken. Allerdings würde ich mich schon als eine lustige Type beschreiben, die gern und viel lacht – vor allem wenn es satirisch wird. Das Leben wäre wirklich schwer erträglich, wenn wir keinen Humor hätten. Ein Leben ohne Humor fände ich auch wenig lebenswert. Man sollte versuchen, die Dinge entspannter anzugehen und gegebenenfalls über sich selbst zu lachen. Manchmal ist Humor eine gute Art, Selbstkritik anzubringen oder auch Sachen zu artikulieren. Humor ist auch ein Stück weit Selbsttherapie. Wenn man über sich lachen kann, hat man einen gesünderen Zugang zu sich selbst. Wenn man über seine eigenen Macken lacht, ist das mitunter heilsam. Manche Menschen haben eine unglaubliche Begabung, wenn es ums Witze erzählen geht. Zu denen gehöre ich aber leider nicht. Allerdings höre ich gern zu.

MICHAEL RUBINSTEIN: Das heißt, wenn ich dich bitte, einen islamischen Witz zu erzählen, stehst du auf dem Schlauch?

LAMYA KADDOR: Nein, also so zwei, drei Witze bekomme ich schon zusammen. Warte, wie ging der eine noch mal? Ein Vater jammert und jammert und jammert. Fragt Gott ihn: »Was hast du? Warum jammerst du so?« »O Gott, mein Sohn ist Muslim geworden.« – »Und?« – »Das ist doch eine Katastrophe!« – »Nein, das macht nichts. Mein Sohn ist Christ geworden.« – »Och, und was hast du gemacht?« »Ich habe ein Neues Testament geschrieben.« ... Der ging doch so, oder? Oder war das jetzt ein jüdischer Witz?

MICHAEL RUBINSTEIN: Kann schon sein. Ganz ehrlich? Ich erzähle auch immer nur dieselben Witze, weil ich mir nur die merken kann. Also etwas Vergleichbares zum jüdischen Witz habt ihr nicht, richtig? Von muslimischen Witzen oder so hört man jedenfalls selten? Und in der Öffentlichkeit seid ihr nicht unbedingt als große Spaßvögel bekannt ... Gehen Muslime zum Lachen in den Keller?

LAMYA KADDOR: Nein, ganz und gar nicht. Jetzt warte mal. Ich krieg auch noch einen richtigen, islamischen Witz hin. Kennst du Dschuha? Das ist eine berühmte arabische Witzfigur, ein Spaßmacher. Historisch, versteht sich. Er ist ein Vorläufer des Nasreddin Hodscha, den man im Türkischen kennt: Eines Tages, als Dschuha nach Hause kam, sah er, dass seine Haustür gestohlen worden war. Schnurstracks ging er zur Moschee, hängte dort die Tür aus und nahm sie mit. Die Nachbarn fragten ihn: »Dschuha, wieso hast du die Moschee-Tür entwendet?« – »Nun, irgendjemand hat meine Haustür gestohlen, und Gott kennt den Dieb! Wenn er mir den Übeltäter zeigt, kriegt er seine Haustür wieder.«

MICHAEL RUBINSTEIN: Hey, der war nicht schlecht.

LAMYA KADDOR: Siehst du! Muslime nehmen sich bekanntlich den Propheten Muhammad zum Vorbild, und es ist unter Muslimen bekannt, dass er herzlich gelacht hat – vor allem mit seinen Enkeln. Ich erspare dir jetzt aber die Überlieferungen, in denen davon berichtet wird, dass man sogar Muhammads Backenzähne vor lauter Lachen sehen konnte. Muslime haben folglich sehr wohl eine religiöse und auch literarische Tradition des Humors. Also man kann selbstverständlich nicht für »die Muslime« sprechen, aber im Großen und Ganzen würde ich sie schon als ziemlich lustig charakterisieren. Das hat auch viel mit der Geselligkeit und Mentalität der Menschen in den südlicheren Ländern zu tun. Wenn ich an meine Familie in Syrien denke, da entdeckt man eine andere Lebensfreude als beispielsweise im nördlichen Europa. Die nehmen bestimmte Dinge einfach mit mehr Humor, und es werden nach wie vor viele Witze erzählt. In Syrien gibt es so etwas wie die »Ostfriesen«. Das sind die Homsis, die Menschen, die aus Homs und Umgebung kommen – das ist die im Bürgerkrieg so umkämpfte Stadt, die wahrscheinlich schon gar nicht mehr existiert, leider. Oder in Ägypten sind es die Sa´idis, die Menschen aus dem Süden des Landes, über die Witze gemacht werden. Aber auch politische und sozialkritische Themen werden aufgegriffen. Unsere Witze können auch hintergründig sein. Mir fällt einer ein, den ich im Libanon einmal über Syrer gehört habe: Zwei Syrer haben den ganzen Tag auf der Einkaufsstraße Beiruts, der Hamra, gebettelt. Als sie ihre Einnahmen vergleichen, kommt der eine auf hundert Euro und der andere auf gerade mal fünf. Fragt der mit den geringeren Einnahmen: »Wie machst du das? Ich erzähle den Menschen immer, ich sei ein armer Syrer, der zuhause sieben hungrige Mäuler stopfen muss.« Antwortet der zweite: »Und ich sage immer: ›Ich bin ein armer Syrer, der kein Geld für die Heimreise hat.‹«

Michael Rubinstein: Hey, du wirst ja noch zur Alleinunterhalterin …

Lamya Kaddor: Mach dich ruhig lustig. Also es geht auch bei uns witzig zu. Allerdings selten auf Kosten der Religion. Das machen Araber nicht ganz so gern. Es gibt solche Witze, die hört man aber nur hinter vorgehaltener Hand. Vom Propheten Muhammad ist unter anderem die Aussage überliefert; »Wehe demjenigen, der lügt, bloß um andere Menschen zum Lachen zu bringen!« Für die meisten Muslime hört der Spaß bei Gott und beim Propheten auf. Da traut man sich nicht ran. Das ist in gewisser Weise vor dem Hintergrund des althergebrachten Bilderverbots zu sehen. Man soll keine Menschen und schon gar nicht Gott bildlich darstellen, damit niemand in Versuchung gerät, daraus Götzen zu machen. Einige Muslime trauen sich nicht einmal, sich Gedanken über Gott zu machen. Wie sollen sie da Witze über ihn erzählen? Islamische Rechtsgelehrte waren daher stets bemüht, Witze in religiös korrekte Bahnen zu lenken. Ich persönlich würde mir wünschen, dass wir im Alltag einen etwas unverkrampfteren Zugang zur Religion bekämen.

MICHAEL RUBINSTEIN: Vielleicht ist es nur mein subjektiver Eindruck: Aber wir können im Gegensatz dazu tatsächlich über Gott lachen. Nach dem Muster: Gott sprach zu uns, wir sprachen mit Gott, und dann kommt dies oder jenes dabei heraus. Das gilt für die meisten Juden nicht als Beleidigung. Das Verhältnis ist unverkrampfter, ein bisschen Spötteln würde gewiss kein theologisches Erdbeben auslösen. Wenn ich an die Mohammed-Karikaturen denke – ich weiß nicht, ob so etwas mit Bezug zu uns Juden auch eine solche Welle ausgelöst hätte.

LAMYA KADDOR: Das ist ein doofer Vergleich. Diese Proteste in der islamischen Welt, das Abfackeln von Fahnen, der Angriff auf Botschaften und so weiter hatte doch weniger mit Religion zu tun als mit einem Empörungsmechanismus, den islamistische Scharfmacher aus politischem Kalkül gezielt in Gang gesetzt und angeheizt haben. Mich persönlich haben diese Karikaturen nicht tangiert. Sie waren weder humorvoll noch irgendwie komisch, sie waren einfach nur grottenschlecht und geschmacklos. Aber über Geschmack lässt sich ja bekanntlich streiten. Gibt es denn im Judentum gar keine Tabus, was Witze angeht?

MICHAEL RUBINSTEIN: Wirklich böse Aussagen, die Gott selbst diskreditieren, würden wir in unseren Witzen nicht treffen. Humor in der Religion kann nicht bedeuten, die eigene Religion zu beleidigen. Das würde zu weit gehen. Es ist allerdings immer die Frage: Wer erzählt welchen Witz und Warum? Auch orthodoxe Juden erzählen Witze. Da bin ich mir sicher. Die sitzen nicht den ganzen Tag da und beten. Wie gesagt: Wir sind eine fröhliche Religion. Es muss nicht immer ein Witz sein, es kann ebenso eine lustige Geschichte, eine Anekdote oder ein weiser Spruch sein. Meine Mutter hat fast zu jeder Lebenssituation eine Weisheit parat – manchmal ein bisschen böse, manchmal ein bisschen lustig: »Kleine Kinder lassen einen nicht schlafen, große Kinder lassen einen nicht leben.« Oder: »Erst bringt man den Kindern das Sprechen bei, dann bringen sie einem das Schweigen bei.«

LAMYA KADDOR: Und dann feiert ihr verrückte Feste …

MICHAEL RUBINSTEIN: Purim? Du meinst den einzigen Feiertag, an dem wir Muslime … ähm, wir Juden uns betrinken sollen, bis wir Gut und Böse nicht mehr auseinanderhalten können?

Nun das hat einen einfachen Grund: Das Festmahl, das man zur Erinnerung an die Errettung der Juden im Persischen Reich – sie sollten damals mal wieder ausgerottet werden – zu sich nehmen soll, wird im Buch Esther als Trinkgelage geschildert. Ich sage bei Führungen immer: »Dass wir Juden gern feiern, merkt man daran, dass es bei uns in der Synagoge 220 Plätze auf zwei Etagen gibt, im Festsaal aber 250 Menschen auf eine Ebene passen.« Also wir sind schon ein sehr, sehr feierfreudiges Volk. Aber noch mal zurück zu euch: Ihr habt ja im Islam offenbar doch einiges an Traditionen, was Humor betrifft. Woran liegt es, dass das hier nicht so bekannt ist wie der jüdische Witz?

LAMYA KADDOR: Zum einen liegt es daran, dass der Islam erst viel später ein Bestandteil Deutschlands geworden ist. Die Verankerung des Judentums ist ja wesentlich älter. Zum andern liegt das daran, dass in Deutschland häufig nur in negativen Zusammenhängen über Muslime gesprochen wird. Allerdings wissen die Muslime heute selbst zu wenig über die humorigen Charakterzüge des Propheten. Es täte ihnen gut, wenn sie mehr von diesen fröhlichen Aspekten, die das Leben lebenswert machen, heraussuchen würden. Heute wird der Islam auf völlig andere Themen reduziert. Man frönt lieber strengen theologischen Diskussionen, die im Grunde genommen zu nichts führen. Früher hatte man Liebesgedichte, Spottgedichte, Schmähgedichte und so weiter. Die waren in der arabischen Kultur, in der islamischen Geschichte lange

Zeit etabliert. Spottgedichte galten als scharfes Schwert. Sie konnten echte Konflikte auslösen. Das ist in der breiten Bevölkerung inzwischen weitgehend verloren gegangen – was in dieser Hinsicht natürlich gut ist. Aber ebenso verschwunden sind die humorvollen Seiten dieser Tradition. Geschichtenerzähler sind nur noch Touristenattraktionen. Aber auch damals hat man nicht Gott geschmäht oder bespöttelt, sondern die Herrscher. In den arabischen Diktaturen gab es dieses Umfeld, in dem sich Satire und Spott entwickeln konnten, nur eingeschränkt. Jetzt, nach dem Arabischen Frühling entwickelt sich wieder etwas in dieser Richtung ...

Im syrischen Bürgerkrieg zum Beispiel gibt es die Gemeinde Kafr Nabel in der nördlichen Provinz Idlib, die für ihre höhnischen Protestplakate gegen das Assad-Regime sowie die Unentschlossenheit der internationalen Gemeinschaft bekannt geworden sind. In Anlehnung an das Computerspiel »Angry Birds« malten sie ein Poster, auf dem grimmige Vögel hässliche grüne Schweine abschießen. Die Schweine ähnelten dabei Baschar al-Assad, dem russischen Präsidenten Wladimir Putin oder dem Hisbollah-Führer Hassan Nasrallah. Zu jeder Freitagsdemonstration kreierten die Bewohner neue Banner mit witzigen oder bitterbösen Slogans. Manchmal stand auch die Schrift auf dem Kopf, manchmal protestierten die Leute geknebelt. Davon hört man hier nichts. In erster Linie erfährt man davon durch entsprechende Stellen im Internet, Facebook, Twitter und Co ...

MICHAEL RUBINSTEIN: Humor kann auch ein Vehikel für behutsame Kritik sein. Er kann unter den Religionsgruppen vermitteln helfen und zwischen den jeweiligen Anhängern Brücken bauen. Wenn man einmal zusammen gelacht hat, hat man schon eine gute Basis, um ein wenig näher mit den Stühlen zusammenzurücken. Eigentlich bin ich ein direkter Mensch, aber manchmal bietet es sich an, Dinge von hinten herum anzugehen. Je nachdem, mit wem man spricht, erreicht man auf diese Art mehr, als jemanden vor den Kopf zu stoßen.

LAMYA KADDOR: Dem widerspreche ich nicht: Humor ist Diplomatie.

MICHAEL RUBINSTEIN: Meine Mutter zum Beispiel sieht immer noch toll aus, aber sie ist, was ich als ihr Sohn ja nun einmal weiß, nicht mehr so jung, wie es den Eindruck macht, und manchmal kleidet sie sich für meinen Geschmack zu jugendlich-dynamisch. Dann sage ich: »Du hast nach wie vor die Beine, um diesen Rock zu tragen.« Sie weiß dann, wie ich das meine, nämlich dass ihr Rock ruhig ein wenig länger sein dürfte. Aber ich bringe meine Meinung mit einer positiven Botschaft rüber …

Sich über jemanden lustig zu machen hat indes nichts mit Humor zu tun; es ist im Judentum sogar verboten, es ist eine Sünde. Beim Versöhnungsfest beten wir dafür, dass uns solche Sünden verziehen werden. Aber ich glaube, davon kann man sich nicht freisprechen. Manchmal passiert das einfach. Wenn jemand stolpert und komisch hinfällt, sollte man nicht darüber lachen, aber man kann es halt nicht immer vermeiden.

LAMYA KADDOR: Am angenehmsten wäre es, wenn der Betroffene selbst lacht. Es ist zwar menschlich, aber Schadenfreude ist mir im Grunde genommen zuwider. Und wenn ich doch mal gelacht habe, erkläre ich, warum ich es getan habe, und dass ich es nicht böse meine. Damit bin ich bisher gut gefahren, außer bei meinem Mann, der findet das nicht so lustig.

MICHAEL RUBINSTEIN: Darf man jemanden auslachen?

LAMYA KADDOR: Ja, bevorzugt Ehemänner und jüdische Gesprächspartner. Nein, eigentlich sollte man niemanden auslachen, anlachen vielleicht.

MICHAEL RUBINSTEIN: Ich weiß, wenn ich früher meine Tochter ausgelacht habe oder sie mich, fanden wir das beide sehr schön, es passte in diesem Moment. Das hat etwas Familiäres, etwas Intimes, wenn man übereinander auch mal lachen kann. Als du mich irgendwann in aller Öffentlichkeit mit: »Hallo, mein Lieblingsjude« begrüßt hast … die entsetzten Gesichter drum herum, das war köstlich, wir haben uns prächtig darüber amüsiert.